念彼観音力

—観音菩薩と観音経—

金岡秀友

あの観音の力を念じなさい

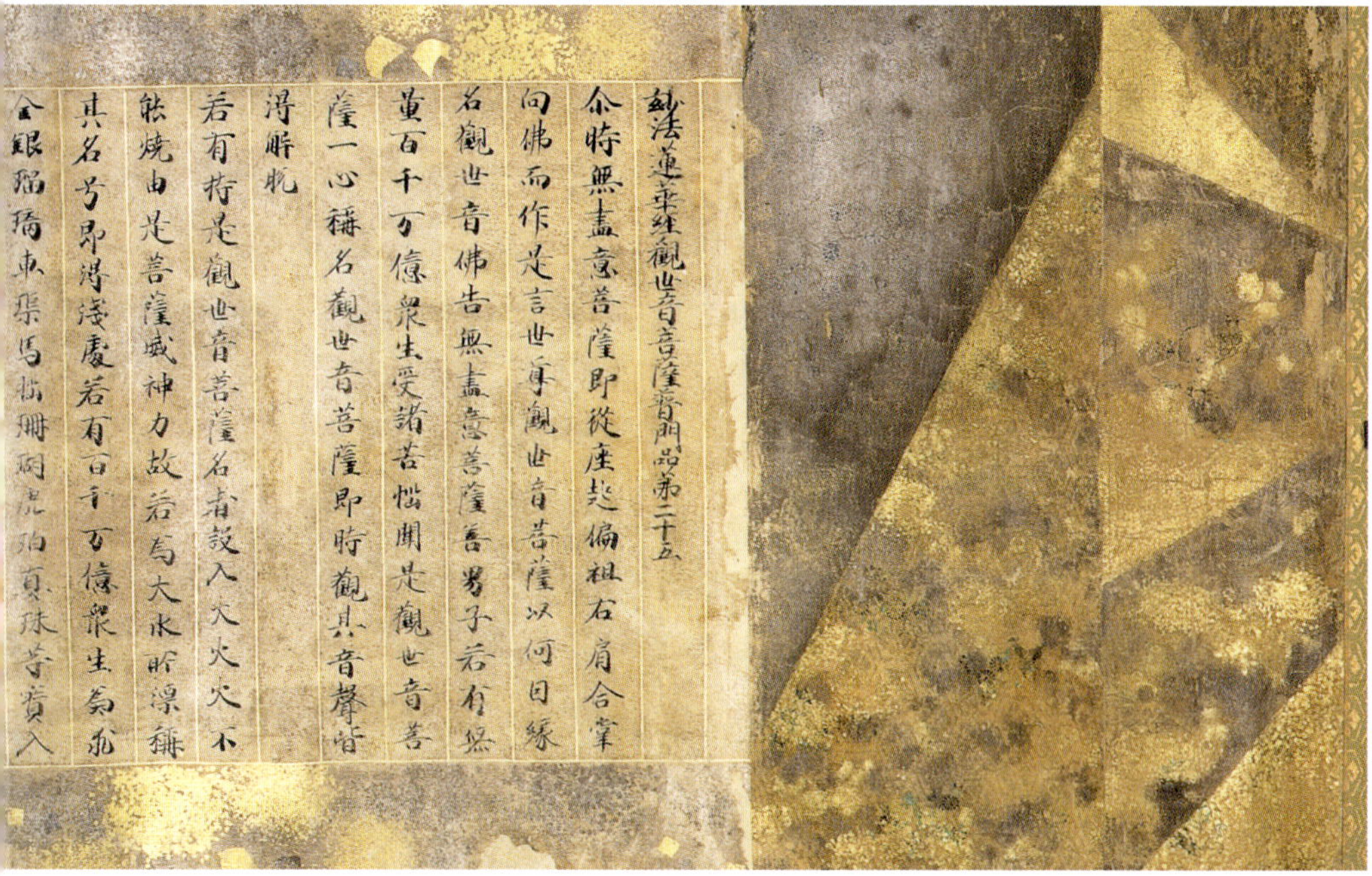
妙法蓮華経観世音菩薩普門品第二十五
尒時無盡意菩薩即従座起偏袒右肩合掌
向佛而作是言世尊観世音菩薩以何因縁
名観世音佛告無盡意菩薩善男子若有無
量百千万億衆生受諸苦悩聞是観世音菩
薩一心稱名観世音菩薩即時観其音聲皆
得解脱
若有持是観世音菩薩名者設入大火火不
能焼由是菩薩威神力故若為大水所漂稱
其名号即得淺處若有百千万億衆生為求
金銀瑠璃車𤦲馬瑙珊瑚虎珀真珠等寶入

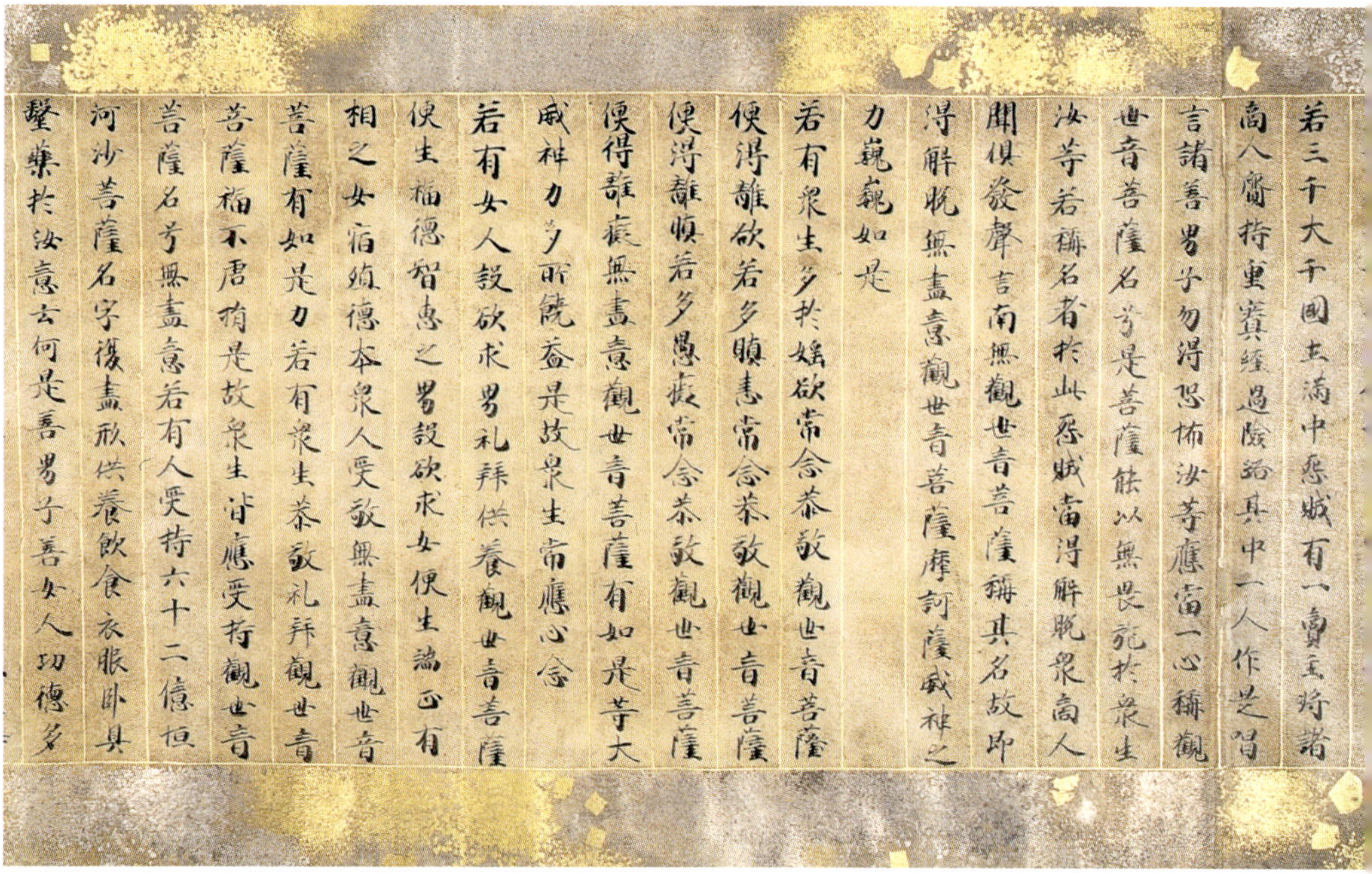
若三千大千國土滿中怨賊有一商主將諸
商人齎持重寶經過險路其中一人作是唱
言諸善男子勿得恐怖汝等應當一心稱觀
世音菩薩名号是菩薩能以無畏施於衆生
汝等若稱名者於此怨賊當得解脱衆商人
聞倶發聲言南無觀世音菩薩稱其名故即
得解脱無盡意觀世音菩薩摩訶薩威神之
力巍巍如是
若有衆生多於婬欲常念恭敬觀世音菩薩
便得離欲若多瞋恚常念恭敬觀世音菩薩
便得離瞋若多愚癡常念恭敬觀世音菩薩
便得離癡無盡意觀世音菩薩有如是等大
威神力多所饒益是故衆生常應心念
若有女人設欲求男礼拜供養觀世音菩薩
便生福徳智恵之男設欲求女便生端正有
相之女宿殖徳本衆人愛敬無盡意觀世音
菩薩有如是力若有衆生恭敬礼拜觀世音
菩薩福不唐捐是故衆生皆應受持觀世音
菩薩名号無盡意若有人受持六十二億恒
河沙菩薩名字復盡形供養飲食衣服臥具
醫藥於汝意云何是善男子善女人功徳多

装飾法華経普門品（観音経）
（坂東三十三所観音第九番、埼玉県都幾川村慈光寺蔵）

十一面千手千眼観世音菩薩
（西国三十三所観音第五番、大阪府藤井寺市葛井寺《ふじいでら》蔵）

十一面観世音菩薩
（奈良県室生村室生寺蔵）

二《ふた》間《ま》観音
聖観世音菩薩（中）・梵天（右）・帝釈天（左）
（京都市東寺蔵）

水月観音図
(敦煌壁画)

法華経変普門品遇盗図
(敦煌壁画)

念彼観音力

――観音菩薩と観音経――

はしがき

二六二文字に仏教のエッセンスを盛り込んだ『般若心経』とならんで、「観音経」は日本においてもっとも広く読誦され、親しまれ、信仰されてきた経典でしょう。しかし、この「観音経」が『法華経』の中の一品（一章）であることは、意外に知られていないようです。

『法華経』二十八巻は、詮ずるところ「普門品《ふもんぼん》」すなわち「観音経」と「提婆品《だいばぼん》」の二章に尽きていますが、あらゆる宗我と宗乗とを離れて、しかもなお大乗経典中における『法華経』の卓越性を疑うことのできない筆者にとって、「普門品」と、とくにその偈《げ》はいわば仏教の白眉といえます。

仏教には、キリスト教におけるような『バイブル』（聖書）の存在しないことは、多く嘆きの声として耳にするところです。『バイブル』の便利なことを、目にし、手にするにつれ、仏教の経典にもそのような代表的経典はないものか、なければ、誰かの力によって出来ないものか、という声が誠にしばしば聞かれるようになりました。こういう要求に応える仏教経典は、多くの場合『仏教聖典』と呼ばれますが、上の意味で「観音経」は『般若心経』とともに、あえて「東洋人のバイブル」と呼んで差しつかえないのではないかと筆者には思われます。

この「観音経」に登場する主人公の一人であり、章題にも名のあがっている観音、すなわち観世音菩薩は、その柔和なお顔から受ける感じとはこと変わり、われわれには思い計ることのできないほどの力―「観音力」をそなえています。この力は、筆者にとっても計り知れぬ恩恵を与え続けて下さいました。

筆者自身にも、自身の貧しい宗教体験と読経を生涯支えてもらった支柱として、弥陀・観音・不動の三尊が常にあり、現に自坊の本尊・支院にお祀り申し上げて今日に至っています。これら諸尊の真言は、そのまま筆者や同行の人びとの日常の真言であり、信仰の支柱となっているため、宗派を超えて広く行われるところです。

古来、わが国の社会にあっては、千数百年の伝統をもつ仏教・儒教の教えが生活そのものの中にこよなく生かされてきましたが、終戦後、政府・マスコミ等による宗教（修身）との無縁宣言以来、社会・家庭における諸問題は増大してきました。その消極的な側面の一列だけを取り上げても、いじめが横行し、親子の同居は激減して、幼少年層は親孝行の実例を見ようとしても方法はなく、昨今では親殺し、子殺しが巷間を騒がせています。まさにいま日本は、世界でも代表的な社会犯罪、家庭犯罪の国家となりつつあります。

そのうえ、不測の混乱（カルト）が現在と将来を満たしている今日、ひとは想い、ひとは悩みます。善きにつけ悪しきにつけ、その想いを助ける大いなるものを無計のうちに人は求めています。それが神であり、仏なのです。

かかる世の中の現在と将来に対して、徒らに主観的ないしは客観的な規準を模索するよりも、「観音経」のように現に無数に近い人びとの救済の規矩《きく》となり、心の糧となってきた真の意味の聖典を、二十一世紀に生きる人たちに改めて本書のような形で世に問うこととしたのは、思うところなきに非ずです。

観音菩薩の慈悲を念ずることにより、ひとは悩み苦しみから脱れることができると「観音経」は教えています。もしわれわれが世に悩み愁うる、大きくいえば日本人の将来に対し、いささかなりとも経典中よりその真意を汲み取り得ればと思うところ切なるものがあります。

筆者の貧しい精神生活も、疑いもなくその終末に近づいています。無力の身をもって、ともあれ、無事今生を送り得たのは、真言の諸尊の加持力のおかげであり、とくに日常些事の末に至るまで導き下さった観世音菩薩に対しては、衷心報恩の真言を捧げ、やや早いとは思いつつ、来世の御加恩を祈るのみです。

本書がささやかながら一書の形を成すに至ったのは、いつものことながら、常に筆者を励まして止まなかった太陽出版の籠宮良治社主の熱意であり、その熱意に応えた筆者の講述を有形化した石川美恵さんをはじめとする方々の筆録でした。さらに、本書が従来の仏教書に比してかくも馴染みやすい、しかも美しい本に仕上がったのは、美麗な梵字悉曇を揮毫賜った高野山の鷲尾英仁僧正と、表紙に見事な如意輪観音像をお描き下さった日本画家の宮島弘道氏のお力に依るところ大であったことを記して、ここに篤く感謝の微意を捧げます。

平成十二年七月十一日

金岡秀友しるす

◎目次

はしがき

第一部　観音菩薩

1　仏の世界はどうなっているのか?――14
仏の世界　14
開敷華、蓮台　15
人と仏（生仏不二）　18
仏と、人の願望　22
2　菩薩とは何か?――24
六道に生まれること　24
菩薩に生まれること　27
3　観音とは何か?――30
仏・菩薩は大丈夫　30

観音――音を観る菩薩 31
観音菩薩はどこに住んでいるのか？ 34
観音菩薩の異名 35
化仏を載せているのはなぜ？ 39
阿弥陀如来とは？ 42
観音菩薩の様々な変化 45
六観音 46
聖天との関係 49
東大寺大仏の脇侍――観音と虚空蔵 50

4 観音信仰 52

日本における観音信仰 52
「念彼観音力」と観音利生譚 55
観音・不動の一体説 59
観音・閻魔の一体説 61
地蔵・閻魔の一体説 63

般若唯一・方便無量 65

第二部　観音経を読む

1　観音経とその味わい方 70
法華＝仏法の華 70
如来寿量無量・如来方便無量 73
観音経の味わい方 75
2　観音経（全文） 80
3　観音経を読む 90
経題 90
訳者 93
長行の部 96
偈の部 150

付録

観音霊場 (一) 西国三十三所観音 208
観音霊場 (二) 坂東三十三所観音 218
観音霊場 (三) 秩父三十三(四)所観音 228
三十三観音 238
観音三十三身 240
仏の三十二相 244

第一部

観音菩薩

Kannon-bosatsu

第一部

観音菩薩

1 仏の世界はどうなっているのか?

仏の世界

仏さまを求めるとき、現代人はすぐ仏の有無を尋ねたがるようです。これに対して昔の人は、仏になれるかどうかを尋ねる方が先でもあり、より大事でもあったようです。つまり、成仏の成否こそ、仏教の最大眼目といえたのです。

昔の人は今の人に比べて、頭脳の世界・抽象的な世界と、行動の世界・具象的な世界の双方を、現代に生きるわれわれよりは遙かに自由に往来していたように思われますが、だ

釈迦如来種子・真言

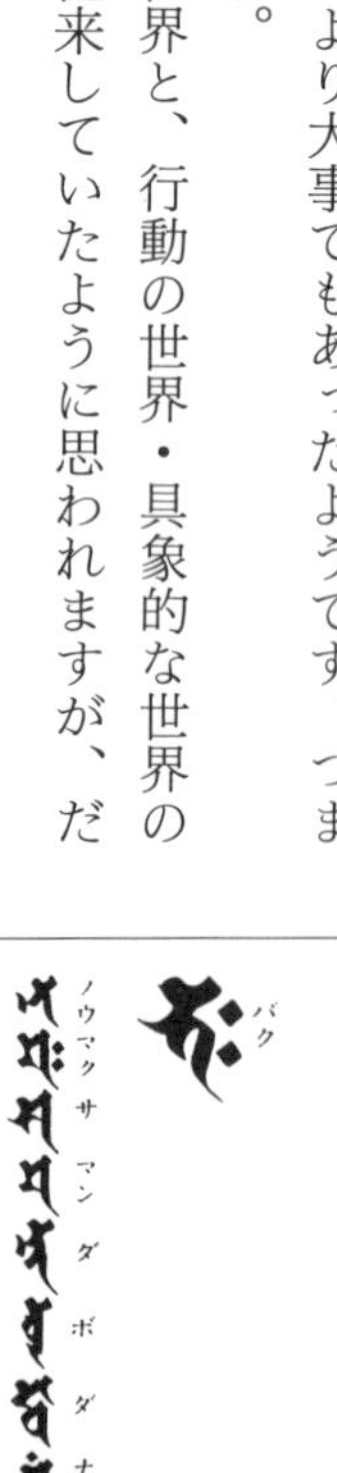

あまねく住する諸仏に帰依し奉る。とくに釈迦如来に。

からこそ人間にとっても、動物にとっても、最も苦痛のない理想的社会を考えることは可能だったのでしょう。そのような世界がもし仮にあるとすれば、私は、ここでいう仏の世界は確実に存在すると思います。

人が仏になること、それを成仏といいますが、成仏した人の世界は当然、成仏する前の人間の世界とはすべてにおいて変わってくることはいうまでもありません。人がその内面性・精神性を高めて、仏と等しくなることを成仏というのですが、それはそれにふさわしい天分（仏性）を持ち、それに必要な努力（修行）をする限り、必ず成果の約束されるものなのです。いうなれば、仏の世界とは、仏性をそなえた人が修行によって得た成果そのものといえるでしょう。

開敷華《かいふけ》、蓮台《れんだい》

仏の世界、すなわち仏国土には仏を讃嘆する蓮華の花が咲き満ちていることは、釈尊当時からの強い信仰でした。それは仏・菩薩を現前することができなくなった後世の仏教徒たちにとっても変わりません。

開敷華とは、言葉の上ではよく開いて咲いている花を意味し、仏教ではとくに蓮華の花をさします。それをさらに簡単にいったのが蓮台です。台は茎に至るまでの花全体を意味し、花弁はもとより雄しべ雌しべから、さらには花弁を支える花托までをいいます。ご存知のように、蓮華は泥土の中から茎を伸ばして花を咲かせますが、その泥に染まることなく、しかも美しく清らかに咲くことに仏の象徴的意味を托しています。このため仏教では、すべてのほとけをあらわすのに原則として蓮華を台座に用います。これを蓮台または蓮華座といいます。

また、ほとけの座を蓮台で表現するのは、それが仏教の「理想の境地」をあらわしているからです。ただ、仏教ではギリシャ人と違って「理想」という言葉を使いませんから、「仏のところに戻る」、あるいは「仏の境地になる」ということで、仏の落ち着いたありさまを「蓮台に座す」と言うわけです。

以上の道理を一つのものによって示したのが蓮華なのです。つまり、蓮華の花は、人の心に宿る善き心（柔軟心《にゅうなんしん》）を示し、すすんでその心が悩みを克服して仏となる（仏性《ぶっしょう》、成仏）その境地ばかりでなく、自己のみならず世の人すべてを良き方向、さとりの方向へと導いていく仏の行い（開発菩提心《かいほつぼだいしん》）を示しているからです。

このようにいうと、仏教の内容は自己に向かう場合と他者に向かう場合の双方があるように見えますが、これはそのように二分して考えるべきものではなく、同じ心の働きの二つの側面にすぎないのです。自分の心の中に他者に対する慈悲心がない時、その人はただ

蓮華座

自己一身のみが心中に存在し、第三者は存在しないことになります。しかし、自己の苦痛――たとえば火傷《やけど》でも傷でも負った時、その痛みが大きければ大きいほど、他人が、あるいは身内が、同じ傷を負ったならばどうであろうかと考えるであろうことも見やすい道理でしょう。

このような同情、同悲の働きは、理性と矛盾すると考える人が多いようですが、決してそのようなことはありません。理性と経験の豊富になった中・高年の人たちの方が、若い人びとよりもより一層、同情心は豊かになるのが普通なのですから。

さらに別の観点からいえば、蓮華は何よりもまず、自族すなわち蓮華族のために存在し、生育しますが、その生育のためには雄しべが生み雌しべが受ける、花粉の受け渡しがなくてはならず、そのためには蝶や蜂の活躍を待たねばなりません。このことは、他にいちいち繰り返すまでもなく、他の動植物――人間も含めて――すべてに通ずる事実なので、いわば生命の共有性とでもいうべきものでしょう。

これを仏教の言葉に求めれば、「悉有仏性《しつうぶっしょう》」ということになります。すなわち、蓮華は、ある生きものがそのように有機的な全体性の、かけがえのない一翼を荷っていることの象徴でもあります。現代人に分かりやすく否定的な表現で考え直せば、植物が全滅すれば動物はもちろん直ちに全滅し、動物が全滅すれば地球上で最高の智恵と生活を築きあげてきた人間も時をおかず全滅しなければなりません。このことは決して倫理的戒告に終わるものではなく、科学的定言にも他ならないのです。

今までの人類の不幸は、科学的真理と倫理的戒告とが別個のものないしは反対のものとして受け取られてきたところにあるといえます。言葉をかえていえば、近時よくいわれる人類の共生ということも、かかる生物学的共感――共に同じ生物であるという自覚――なくしては、実感となって生きることはあり得ません。いま述べたように、われわれは感情の世界で時としてそのことを自覚することもありますが、他の時は多く、生きるための競争と労働のほとんどに時間を費やされています。

前述のように仏教では理想という言葉を用いないので、われわれのあるべき形に戻る、あるいは成ることを成仏といいますが、そのあるべき形とは、人間に本具の優しさを取り戻し、冷たさを取り除く様々な作業――これを慈悲心といい、慈悲行という――を具有すべく、場所・年齢を問わず可能な方法で少しでも身につけようと努力し、また年長者も身につけさせるべく努めることをいうのです。

人と仏（生仏不二《しょうぶつふに》）

日本語として馴染んできたと思いがちな「仏」ですが、仏はさかのぼると、梵・漢・和の三語の合成語です。もとは、インドの「ブッダ」(buddha) という言葉で、漢訳語でいう「覚者」(さとったもの) を意味します。次に、仏さまの心の内容を大覚とか、その人格を「覚悟」ということであらわすことは、ご存知の通りです。「ブッダ」の音を写した言葉を「仏陀」といい、「ほとけ」は仏陀家を和訓で読ませたもので、梵語系の日本語なのです。

地理的にもインド・中国をうけて日本があるように、仏教語もその二つをうけて日本の仏教語が出来あがりました。ですから、梵語でブッダといえば「覚った人」のことですし、「ブッディ (buddhi)」といえばその覚った人のもとなる覚りそのものといえます。ですから、日本人が「覚」という文字を「さとり」と読ませるのは正鵠を射ているといわねばなりません。

さて、人などの衆生《しゅじょう》の世界と仏の世界は、すべてにおいて違うと前述しましたが、これは原因 (仏性や修行) と結果 (仏果) という観点から見た場合であって、一方で仏教では、「人畜《にんちく》不二」とか「人畜成仏」、つまり、衆生の世界と仏の世界は不二 (「生仏不二」) であるということをいいます。事実、仏教美術やマンダラなどにおいて仏の乗りものとして様々な畜類や禽《きん》類が登場します。その際、仏の選からもれ、無仏性と断定されたような鳥・獣は見られません。

キリスト教では旧訳などを見ると、蛇をはじめ神の怒りをこうむった動物が少なからず登場しますが、仏教にはそのようなことはありません。西洋人 (主としてキリスト教徒)

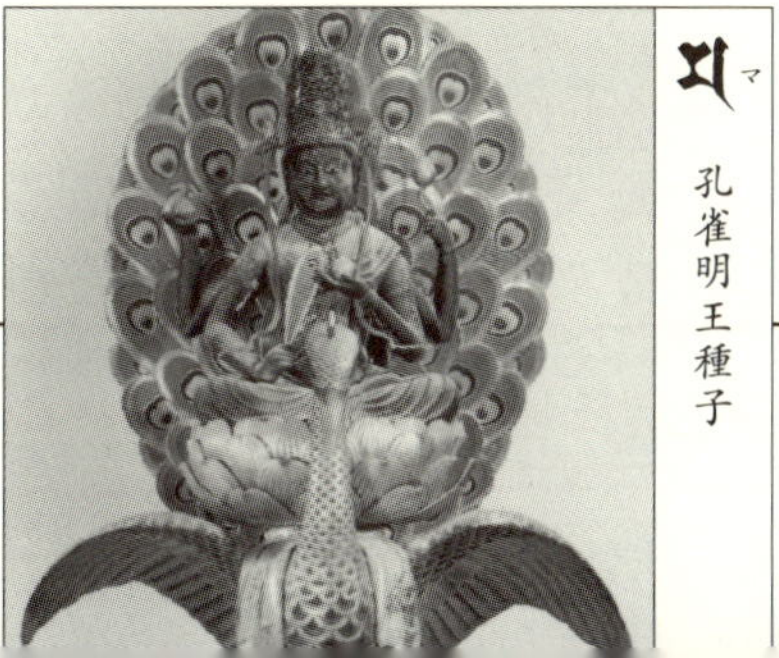

孔雀明王
(高野山・金剛峯寺)

胎蔵曼荼羅
（京都・東寺）

の中には日本の都市、農村に祀られている神仏で猛獣、猛禽から爬虫類（ヘビ、ワニ）などまでがあることに、いたく驚きの念を見せる人びとがありますが、仏教の人畜観からすれば、いささかの不思議もないわけです。このことは決して小さなこととは思えません。

過ぎし大戦において、日本人が南アジアの爬虫類を決して無意味に殺さなかったことは、南方の人びとが等しく礼讃するところだったようです。旧宗主国のヨーロッパ人たちは、創世記に基づいてヘビを好まなかったのはもちろんですが、そのために無害のヘビまで多く排除されたことは、彼らの等しく歎くことだったと聞いています。

筆者はかつて、スリランカにおいて、オランダ人の仏教学者、ヴァン・ザイスト氏と研究を共にしたことがあります。氏はカトリックの神父としてオランダからコロンボに派遣されていましたが、スリランカ滞在中、仏教に惹かれ、セイロン上座部（スリランカ・テーラヴァーダ）で得度した人です。そんな氏と筆者との仏教についての問答の中で、十二支について問われたとき、筆者は次のように答えたものです。

「なぜ、たった十二の獣・鳥の中にヘビまで入っているのかというと、仏陀のヘビに対する好悪の感情は知らないが、ヘビを嫌った証拠もない。仏教以外の文献となると、ヘビ一般あるいは特別のヘビに対する好み、時には崇拝の念を見出すことすらできる。同じ理由ないしは地理的・文化的影響とは思えないが、中国人のヘビに対する感情もインド人のそれと反対のものとはいえないから、インド人ほど強烈ではないにせよ、大きくいえばヘビに一種の力を認めていたということはいえるのではないだろうか。日本人もこれら二国のそれをうけ、もう少し小規模に、しかし生活的になっていたと見ることはできると思う。

昔も今もこのことを指摘・強調する人はなかったが、八岐大蛇《やまたのおろち》の伝説一つを見ても、わが皇室のシンボルである草薙剣《くさなぎのつるぎ》は超古代の権威である神器となって登場している。「三種の神器」といって、帝位そのものをあらわす器物に三種あり、そのわずか三種類の中にヘビが、神器そのものではないまでも、神器の生みの親とでもいうべき位置を占めていることは、日本国とヘビの分布という地理的関係からは考えにくく、これはやはりインド・中国伝来の文化的・宗教的神観念の影響と考えるべきだろう」

仏と、人の願望

「仏とは何か」という問いは「人間とは何か」の形を変えた問いです。人間の数が多ければ当然、仏の数も多くなります。仏の数が多いことを欠点としている学者がつい百年前までは大勢いました。イギリスで発足した宗教学の一般的な分け方は、神の数が多い宗教を多神教、少ないものを一神教としました。このことはイギリスが熱帯地方を植民地として

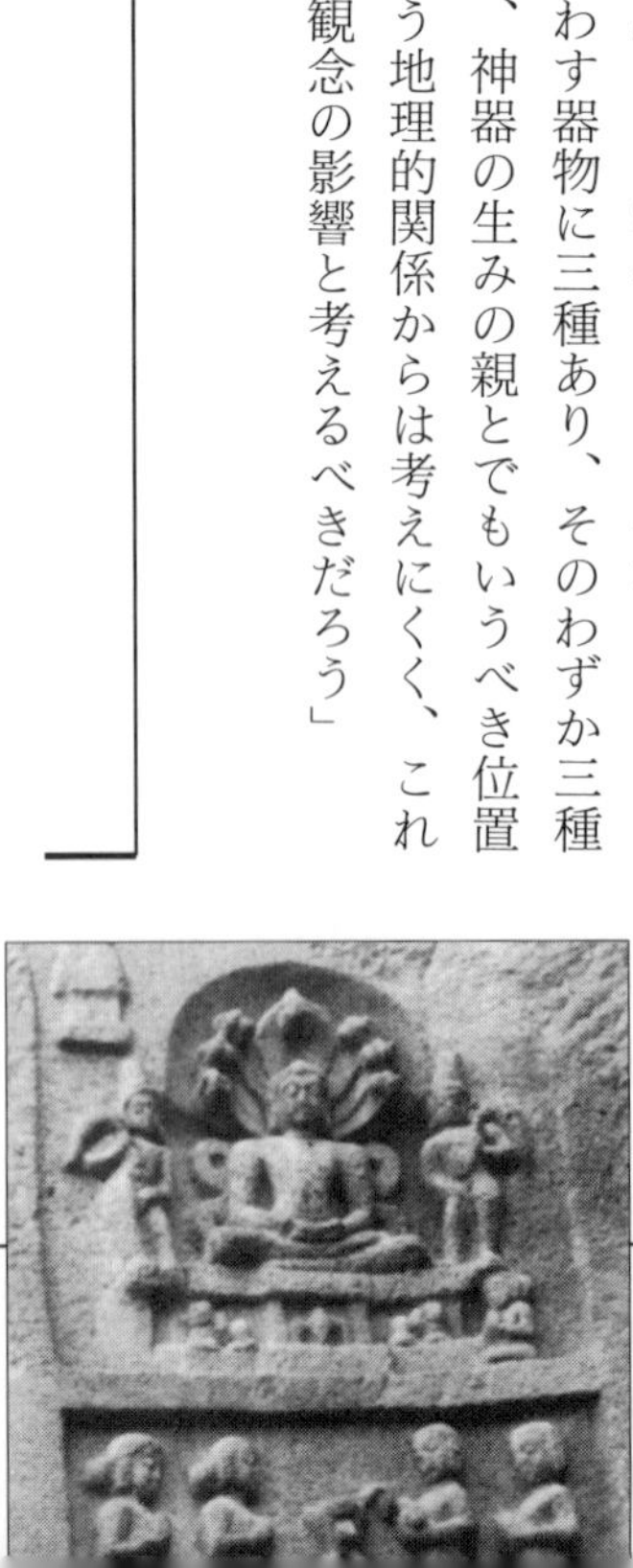
インド
ナーガ(蛇)に守られて瞑想する釈尊

いった過程と同じで、キリストを唯一の神とする白人の目から見て、多くの神々を信仰する黒人は整理されていない神観念の持ち主という認識を持ったのです。

しかし、これは自分の触れる範囲に従って整理したのであって、正確にいえば、それは決して整理ではなく任意抽出なのです。この任意性とは、宗教の世界ではことに危険な選び方になります。そうなると仏の世界に対しても、任意に取り出し、順番をつけて整理する、ということになってしまいます。

それでは、仏の世界は何が基準となって出来あがっているのかというと、まず、仏に対する祈り、神に対する祈りが神・仏を決定する第一要素となります。もう少し一般的な言い方をすれば、願望・願いということになります。これを祈りにまで高めれば、きわめて高度な思想になっていきます。「私は生きながら仏になりたい、成仏したい」という願い、これがすなわち仏教なのですが、そこまで行かなくとも、病気を治したい・出世したいというような現世願望、これが第二の要素になります。さらにもう一つ、これはかえって難しくなりますが、不可能を可能にするようなきわめて大きな願望すらあります。

このように、仏はわれわれを幸せにしてくれるものですが、その幸せはごく身近な次元の物質的なもの・肉体的なものから、高次な精神的な悩み・真理に到達するというものまで含めていえば、仏の世界は人間の願望の種類に応じて多様であるということです。つまり、仏の世界はまさに人間の世界の引き写しであるといえるのです。

六道《りくどう》に生まれること

人間の願望というものは、高次なものから低次なものに至るまでおよそ無限といえるほど多様です。たとえば、食欲は人間の持つ欲望の中でも強いものですが、この欲望がいっそう苛烈なものとなり、欲しがりながら食べられない、その境涯を抜けられないようになると、そのような世界に落ちいってしまった人びとのことを、仏教では餓鬼道《がきどう》の住人といい、もう人間の世界ではないのです。

このように仏教では、生きものが落ちいる境涯のことを六つに分けて六道と呼び、それには他に地獄や畜生、また常に争いいがみ合う修羅《しゅら》、これらに比べれば苦しみの少ない、人《にん》と天の世界があります。

とはいえ、人間の世界でこれはいつでも起き得ること、現代の言葉でいえば環境の変化ですが、その変化によっては餓鬼道にも、あるいはさらにひどい地獄道にも落ちてしまい

六道図（チベット）

ます。また、人間界より上の世界、飢えや欲望に苦しめられることのない天の世界に入ることもできますが、天人・天女にも「天人五衰《てんにんごすい》」（五つの衰え）という言葉があるように、いつの日か衰運に見舞われることは免れないのです。

天人世界、すなわち天部は仏と人《にん》の中間であり、その良きところも悪しきところも共に合わせ持っているといえるでしょう。一方、人間の仏への近づき方の一つでもあり、人間に近く、人間の煩悩も多分に所有しています。

十二世紀前半に成立したとされる『今昔物語集』は、天竺《てんじく》（インド）・震旦（中国）・本朝（日本）おのおのの様々な階層から話材を集めており、内容は仏教・世俗双方にわたっています。この『今昔物語集』には、天女の傑作に恋着した行者がその像を穢《けが》したという実例が示し残されていますが、仏画の重要部分に天人をあまりにリアルに、あまりに多く描くことは、その仏画を見る行者に対しては配慮の足りない描写ということになるでしょう。観音菩薩のごとき菩薩はいかに精密に描いても仏でありますが、天人・天女の場合はあまりに描写が精密にわたり過ぎる時には、行者にとって礼拝の対象であり得ることをやめ、婬欲の対象に堕し去ることなきに非ずです。

天人世界と極楽を同一視して取り違えている向きもありますが、これらはまったくの間違いです。極楽は文字通り楽を極めた世界、阿弥陀仏の浄土であって、それにひきかえ天人には堕落も衰えもあり、人間よりも安らかで楽しみも多いが、まだまだ仏ではありません。

菩薩に生まれること

天人よりもさらに上だけれども、仏にもう一歩というのが菩薩です。菩薩は人間世界の中で最良の世界というのではなく、仏の世界（仏界）があるのと同じように菩薩の世界があるのです。この菩薩界に入るには、天人界の持っている五衰や堕落などの要素を脱却して入るのですから、成仏という言葉に対して成菩薩という言い方はあまりしませんが、「菩薩は菩薩に生じる」という言葉がよく使われます。人間から別質の住人になったという意味です。

このことを目で見てよく分かるように示しているのが『ジャータカ』、すなわち釈尊が前世で菩薩であった時に人びとを救済した物語＝前生譚《ぜんしょうたん》です。ジャータカ（jātaka）とは、サンスクリット語でいうと、「生む」をあらわす語根 jan の過去受動分詞 jāta に接尾辞の ka が付いた言葉で「生まれたもの」をあらわし、具体的には「生まれたときの話」をさします。

この『ジャータカ』には五百四十七の物語が収められていますが、これを読んでも分かるように、たとえば人間世界にいた時は誰が見ても人間の王子であったのが、修行して菩薩の世界に入ると、今までの王子とは別の人に見えます。しかし、もとの人間性の上に立っているのですから、王子を知る人は徐々に、あるいは突如として王子であることを思い出します。このことは、フィクションのようでいて『ジャータカ』にとっては一番大切なことで、だからこそ生まれ変わりの物語、ジャータカなのです。

前世で釈尊が菩薩であったとき、誓願と修行（身を捨てて他を救う）をしていましたが、その善行によってこの世に生まれたのが釈尊です。インド・中国では彫刻・絵画に『ジャータカ』が数多く描かれていますが、「アラビアン・ナイト」や日本の説話集の中にも多く取り入れられています。

有名な法隆寺の玉虫厨子《ずし》の扉に描かれている捨身飼虎《しゃしんしこ》の図は、谷底にある飢えた虎の親子を救うため、山頂から身を投げ与えています。それが後の世の釈尊です。

近代人にとってこの考え方が分かり難くなっているのは、人びとが生理学優先の人間観しか持っていないため、人間の持つ肉体的条件をいかなる意味でも超えることはあり得ないし、考えつかないからです。しかし、人間の内面的な価値の変化が外面に及ぼす影響について考えながら読めば、『ジャータカ』は物語としては最高のものということが納得できるでしょう。

菩薩は人間としての変化の極限に達して別の人間になった人のことです。それは人間の一生の変化よりも確実な、高い意味の変化であり、しかも前の形を憶えているのは菩薩だ

捨身飼虎　玉虫厨子
（奈良・法隆寺）

けだと思います。すなわち、これが仏教における変化であって、人間が人間の形を保ったまま高い別次元に上った一つの世界なのです。

菩薩は仏になる直前のお方で、いつでも仏になろうと思えばなれるのですが、仏になってしまうとかえって人びとから遠くなるので、仏にはならずに様々な人の姿を借りて、自由自在に人びとを救って下さる方なのです。その姿は俗人の形をした修行者と思われていることが多いのですが、決してそうとは限りません。観音菩薩のような在家の姿や、地蔵菩薩のような出家の姿もありますが、それらも様々に変化しています。衆生の願望に合わせて、同じ観音さまでもこのような方もおいでになるよ、ということで、三十三観音、百体観音などもあるのです。

3　観音とは何か？

仏・菩薩は大丈夫

大丈夫とは、狭義では人間の半分である男性プルシャ（puruṣa）をいい、この場合、あと半分の女性はストゥリー（strī）といいます。このプルシャに大を意味するマハーをつけマハープルシャ（mahā-puruṣa）とすると、文字通り大きな男性、立派な男の人ということになり、漢訳で「大丈夫」と表現されます。

大丈夫の意味は、「身の丈《たけ》大なる男性」から始まって、さらには「偉大な人間」を意味し、これが一般化して形容詞となり、「心配ない」「大丈夫」のごとくに用いられます。この形容詞が名詞として用いられる時は、仏の最高の力・形態をいうようになります。仏教では、「大」の字はしばしば、仏・菩薩の特質をあらわしますが、その場合、その仏が男性形の仏でも、女性形の仏でも、いずれでも差しつかえないのです。

観音菩薩が人びとに親しまれているのは、「女性仏」と思われているということにもその

聖観音
（奈良・薬師寺）

理由があります。仏・菩薩がどのような姿をしているかについては儀軌《ぎき》に記されていますが、三十三観音（付録参照）を儀軌通りに拾い上げてみると、男性形と女性形はおおよそ半数ずつで、やや女性形の方が多いようです。

観音菩薩は、古代インド語であるサンスクリット語でアヴァローキテーシュヴァラ（Avalokiteśvara）といい、男性形ですが、「大丈夫」である観音は、形にとらわれず性質は男女を超えた大菩薩ということになります。

観音ー音を観る菩薩

観音菩薩の大きな特色は、世の中の衆生《しゅじょう》の声（音）を聞き観じて、直ちに救済して下さることです。これを旧訳《くやく》で観世音（略して観音）といい、これに対して新訳、つまり唐の玄奘《げんじょう》三蔵（七世紀）以後に訳出された経典類の訳語が、観自在です。観ることが自在、この世を離れずに、しかもどこへでもという菩薩なのでこのようにいいます。新旧訳語と原語については、第二部で解説しますが、いま述べたことが観音の定義です。観は傍観的にただ見ているのではなく、物事をよく見ることですから観察《かんざつ》といいます。この仏教語は「かんさつ」と読んで自然科学でもそのまま使われています。

では、観音菩薩は何を観察しているのでしょうか。もちろん、この世間に生きるわれわれ人間のすべてを見ていらっしゃるのです。世の中の不幸な人、その中でも病気で苦しんでいる人の苦しみを救うために、この世に光を与えて下さるのが観音菩薩なのです。

四百四病というように限りがない病気の中でも、観音菩薩の救いと縁が深いのは、目が見えないことでしょう。ご年輩の方にはよく知られている『壺坂寺霊験記《れいげんき》』*は、盲目の沢市が世を僻《ひが》み、「この世に仏はあるものか」と嘆いていたのを、お里の愛情と信仰心で壺坂寺に参籠して、観音さまの霊験によって開眼したという物語です。

＊壺坂観音霊験記

奈良の高取にある西国三十三観音霊場第六番札所の南法華寺（真言宗、通称壺坂寺）は、『南法花寺古老伝』（十三世紀初め完成）に「寺に住む沙弥《しゃみ》の長仁が眼病にかかり失明したので、日夜千手観音に願をかけ、ついに目が開いた」と記され、『続日本後記』には「高市郡壺坂山寺、元来霊験之蘭若也」と記されていて、平安初期からこの寺の十一面千手観音が眼病に霊験あらたかなことが伝えられていたのです。

寺の名が全国的に有名になったのは、『壺坂寺由来記』をもとにして明治初期に作られた浄瑠璃で、「夢は浮世か、浮世は夢か……」の語りで始まる『壺坂観音霊験記』が人気を博したことによります。

壺坂寺の近くに住む座頭の沢市は、夜明け前になると妻のお里がそっと出て行くので、しのび逢う男がいるのではと邪推します。ここが「三つ違いの兄さんと……」とお里の有名な口説きが入るところですが、実はお里は三年の間、壺坂寺の観音さまに沢市の眼病平癒祈願に日参していたのでした。沢市もお里とともに参詣していたのですが、前途を悲観して谷底へ身を投げてしまいました。お里も後を追って身を投げたのです。観音さまを信仰していた霊験で二人の命は助かり、沢市の目も見えるようになったという物語です。

　盲目の沢市と妻お里の夫婦愛の物語は、歌舞伎や、浪花節の「妻は夫をいたわりつ、夫は妻を慕いつつ……」という『歌入り観音経』の名文句が人口に膾炙し、一世を風靡しました。

　数ある観音利生譚《りしょうたん》の中でも多いのがこの開眼利生で、この開眼利生の根本思想は慈悲の思想です。しかも、観音菩薩の慈悲の特色は、いわば無請《むしょう》（不請）の慈悲で、何の反対給付も求めていません。開眼利生譚という言葉がある通り、観音さまが眼の見えない人に一番慈悲をかけて下さった、すなわち、これが後述する「観音経」に出てくる「念彼観音力（かの観音の力を念ぜよ）」の実例であるとして、壺坂寺は言い伝えてきたのです。

お里・沢市
浄瑠理人形

観音菩薩はどこに住んでいるのか？

観音菩薩はどこに住んでいるか、つまり観音浄土はどこか？ といいますと、浄土教経典では、阿弥陀如来の西方極楽浄土に共にいらっしゃるとしていますが、一般的にはインドの南海岸にある補陀落山《ふだらくせん》であるといわれています。補陀落はサンスクリット語のポータラカ（Potalaka）の音写で、これは『千手経』『十一面観自在菩薩儀軌経』『八十華厳経』などに説かれるものです。唐の玄奘が著わした『大唐西域記』には、この浄土は南インドの秣羅耶《まらや》山の東にある、と書かれています。これを可視的な浄土、言葉を替えていえば現実に写した浄土は、中国では浙江省の普陀山普済寺、日本では和歌山県の那智山をあてています。

このほかチベットでは、ダライ・ラマを観音の化身として篤く尊崇していることから、ダライ・ラマの王宮をポタラ宮と呼び、首都ラサ、広くはチベット全土を観音浄土と見なしていました。これに対しては、阿弥陀如来の化身とされるパンチェン・ラマの浄土は、シガツェ（gshis ka rtse）とされます。この両浄土はそのまま全ラマ教（蔵蒙《ぞうもう》仏教圏）の両大本山とも考えられ、モンゴルにおいてはウルガ（現ウランバートルの旧名）、内蒙古のカ

西国三十三所観音霊場
第一番札所
青岸渡寺（和歌山）

ルガン（張家口）がそれにあたります。

日本で現実の浄土といいますと、那智山のほかにも西国三十三所観音霊場があります。わが国では当初、中部地方・京都を中心にして三十三観音の信仰が出来て、そのミニチュアとして諸国に三十三観音の霊場（坂東、秩父など）ができました。

観音菩薩の異名

観音菩薩のみならず仏・菩薩に多くの異名をみることは、大乗仏教の大きな特色です。この仏・菩薩の異名は、単なる名号の相違にとどまらず、仏教の考え方の相違、それぞれの考え方の集約に他なりませんでした。

観音菩薩にはいくつかの異名がありますが、それらは観音菩薩の持つ様々な働きをそれぞれあらわしています。観音菩薩は救いを求める者に応じて姿を変えますが、どのような姿・名前になっても観音であることに変わりはないのです。

では、観音の異名について、それぞれ見ていきましょう。

観音菩薩は救世《ぐせ》菩薩といわれますが、この他にも多くの異名があります。

那智の滝
（飛滝権現）

救世浄聖《ぐせじょうしょう》（Duḥkharakṣaṇa）

表現できないほど清らかなのが「浄」、言い表わせないほど立派で素晴らしいことを「聖」といいます。サンスクリット語（梵語）でいうと、浄はシュッディ（śuddhi）、聖はアーリヤ（ārya）で、シュッディヤーリヤ（śuddhyārya）という言葉になります。シュッディヤーリヤは世を救いながらしかも浄であり聖であるということです。世を救うということは、世の中の悩み苦しむ人びとを救うことですから、救って下さる仏さまは穢れた世の中にいなければなりません。穢れの中にあって人びとを救いながら、しかも穢れに染まらないというのが、観音菩薩の特徴です。

施無畏者《せむいしゃ》（Abhayaṃdada）

施無畏者とは、心の中に一つも畏《おそ》れるものの無い人、そしてそれを自分一人だけのことにとどめず、その無畏をあらゆる人に分け与えてくれる人をいいます。たとえば、東京・浅草の観音様に手を合わせ線香の煙を頂きますが、それは観音菩薩の無畏の心を受けて自分の身体に沁み込ませることなのです。「六根微妙《ろっこんみみょう》」という言葉がありますが、目や耳などの直接的な感覚に訴えずに、間接的に合掌した時の皮膚の感覚や匂いや音などで仏の心が微妙に伝わり、仏の世界を知ることができるのです。心から畏れを取り去って下さるという観音菩薩の働きが、そのような中から伝わってくるわけです。

蓮華手《れんげしゅ》（Padmapāṇi）

蓮華はほとけの座であり、前述したように、ほとけそのものの象徴でもあります。この蓮華を手に持っているのが、観音菩薩です。とくに大乗仏教成立以後、観音菩薩は仏教を代表する仏・菩薩となりましたが、これは観音の多様性・変化によるものと思われます。この菩薩の、三十三身《じん》といわれるその多様な変化身《へんげしん》の性格によって、全仏教圏の諸尊の中心たる位置を占めたものといってよいでしょう。換言すれば、仏の応身《おうじん》として、つまり衆生の性質や能力に応じて姿を現わし示した三十三身の信仰に大きな中心があったと同時に、三十三観音、百観音等にあらわれるこの仏の応身・化身の性格に、その強くて長い信仰の秘密があったものと見なくてはなりません。ですから、蓮華手という異名は、観音が仏教の真髄——上求菩提下化衆生《じょうぐぼだいげけしゅじょう》、すなわち、菩提（さとり）を求めながら、ことに応身・化身という形ですべての衆生を済度するという考えを、もっとも端的に示すものといえるでしょう。

普門《ふもん》（Samantamukha）

たくさんに分かれた仏徳を一つに集約した名前が普門です。たとえば真言宗では、密教の根本仏である大日如来の別名でもあります。言葉の上では、字の示す通り「普《あまね》き門」ですが、これは仏・菩薩がその御力で、様々な応身・化身をあらわし、衆生を救うことをいいます。どんな入口からでも入れる、入ってさとりを得ることができる、観音菩薩がその

聖観世音菩薩種子・真言

サ

オン ア ロリ キャ ソワカ

帰命す、清浄なる蓮華部尊（観世音菩薩）よ。成就せよ。

聖観音
（京都・鞍馬寺）

入口になって示して下さることを名号によってあらわしています。

大悲聖者《だいひしょうじゃ》（Mahākāruṇikamuni）

聖者の内容は「大悲」です。「悲」は他者の苦しみを救済することを意味しますが、「大」の字がついた「大悲」は仏・菩薩の行為をさします。つまり、自己の感情あるいは利害に基づくことなく、いかなる人に対しても仏の悲が働くことをいいます。極端にいえば、敵に対してさえも悲が働くのが大悲なのです。ですから、観音菩薩はどのような人でも平等に苦しみから救って下さるのです。

化仏を載せているのはなぜ？

仏教史を一瞥すれば直ちに明らかなように、仏陀観は仏教そのものの様々な立場、様々な人びとの考え方の集約に他なりません。何となれば、仏とは覚った人（覚者）のことであり、さとりの内容とは人格を超越した偉大なもののことですから、単一名称では表現し尽くせないのは当然のことで、仏身も古来、法・報・応の三身の整理をはじめとして、四身、五身から三十三身に至るまで、仏の数え方は多岐にわたっていました。

最も代表的な仏陀観といえば、いうまでもなく釈尊その人を仏陀と見、釈尊以外の人を

夢違観音
（奈良・法隆寺）

るでしょう。

仏陀とは見ないことを指します。この釈尊＝《イコール》仏陀という考え方が、仏陀観の基本といえ

仏陀観を最も広義に理解したとき、それは大乗仏教の弘布した東アジア、とくに日本の仏陀観において極まったといわなければなりません。中国・日本では仏教が本来の仏教――釈尊の記憶と歴史が釈尊在世時のまま、ないしそれに近く古い形で残っている仏教――の形を強く残している南アジア・東南アジアのそれとは、教義も歴史も質的に大きく異なっています。ロシアの仏教学者シチェルバトスコイが述べたごとく、大乗仏教は釈尊の仏教の変化の結果ではなく、その内容の細分化であり、その分化した思想の儀礼的ないし思想的・独立的細分化の結果です。

大乗仏教の後半期（七世紀以後）においては、釈尊個人の信仰や歴史は記憶から薄れ、有形的にも思想的にも仏陀の抽象化は進み、多様な仏陀観や様々な歴史・哲学があらわれるようになりました。これが、大乗仏教における諸仏・諸宗の発生する基礎となったわけです。大乗仏教における諸仏の考え方はすでに原始仏教・小乗仏教にあり、その萌芽は法・報・応の三身説にみられますが、そこから発展した十三身、三十三身等の仏陀観に継承され、大乗仏教においてはそれぞれの宗派における無数の仏陀観のもととなり、とくに後期大乗ともいわれる密教においてその極に達します。

密教とはいうまでもなく、秘密仏教の略称ですが、秘密という名称はことにその仏陀観

の難解性にもとづくものといわなければなりません。言葉の上でいえば、法・報・応の三身のうち、とくに法身《ほっしん》に他のすべての仏身を包み込むという考えは密教において完成され、その法身の本名というべき大日如来は密教以前の大乗仏教の応身《おうじん》・化身《けしん》の考えをすべて表わし、ただ大日如来とさえいえば密教のすべての仏・菩薩を含み得ることとなりました。

さて、仏を区別する時、法・報・応の三身を仏の基本の三形というわけですが、ここではそれを具体的に見てみましょう。

まず第一に、法身はサンスクリット語でダルマ・カーヤ（dharma-kāya）といい、文字通り法としての仏、すなわち仏の理念（法）であり、あらゆる形の法に分かれる以前の仏、すなわち仏の本質に他なりませんから、厳密にいえば形をとらない仏こそ、法身といわねばなりません。

第二に、報身《ほうじん》はサンボーガ・カーヤ（saṃbhoga-kāya）といい、般若経にいう「現報応受」をあらわします。これは、仏のなさったことが、現在そこに功徳として現われるということで、代表的な報身としては阿弥陀如来を挙げねばなりません。阿弥陀如来は、世の人を救おうという過去世の菩提心を因行とし、法蔵菩薩としての菩提行の蓄積の結果、その果報として現世に阿弥陀如来となったのです。

第三の応身は人びとの希望、要求に応ずる力のある仏をいいます。原語でニルマーナ・カーヤ（nirmāṇa-kāya）といい、要求に応じることのできる身体を意味します。身体安穏

大日如来
（金剛界・智拳印）
（奈良・円成寺）

バン

大日如来〈金剛界〉種子

化仏を載せているのはなぜ？

を祈る人に対しては身体の安穏を保証するほとけであり、災厄の消除を願う衆生にとってはそのような消除を可能にし、利益のあらたかなほとけがそれに当たり、観音菩薩や不動明王をはじめとする多くの現世利益の力を持つとされるほとけがこれに当たります。

　このため、仏の力から見れば応身ですが、その力によって救われる衆生から見れば仏の化生《けしょう》の力（衆生を化益《けやく》する力）を持っているということになります。

　これまで見てきた法・報・応の三身は、理念的なものと、その現われという違いはあっても本来は一つですから、観音菩薩の頭髪に化仏として阿弥陀如来が描かれているのは、一つの身体で報身（阿弥陀如来）と応身（観音菩薩）があらわされているということです。

阿弥陀如来とは？

来迎図《らいごうず》などにも描かれているように、観音菩薩は阿弥陀如来（阿弥陀仏）の脇侍《きょうじ》として、臨終の際に迎えて下さるとされていますが、阿弥陀如来と観音菩薩のお二方とも、仏教の根本であるお釈迦さまのお心の二つの面を表わしているだけに過ぎません。阿弥陀如来は釈尊の頭脳（心のはたらき）、観音菩薩は情緒（心情）を表わしているのです。

　阿弥陀は「アミターバ（Amitābha）」というサンスクリット語を音写したというのが一

キリーク

阿弥陀如来種子

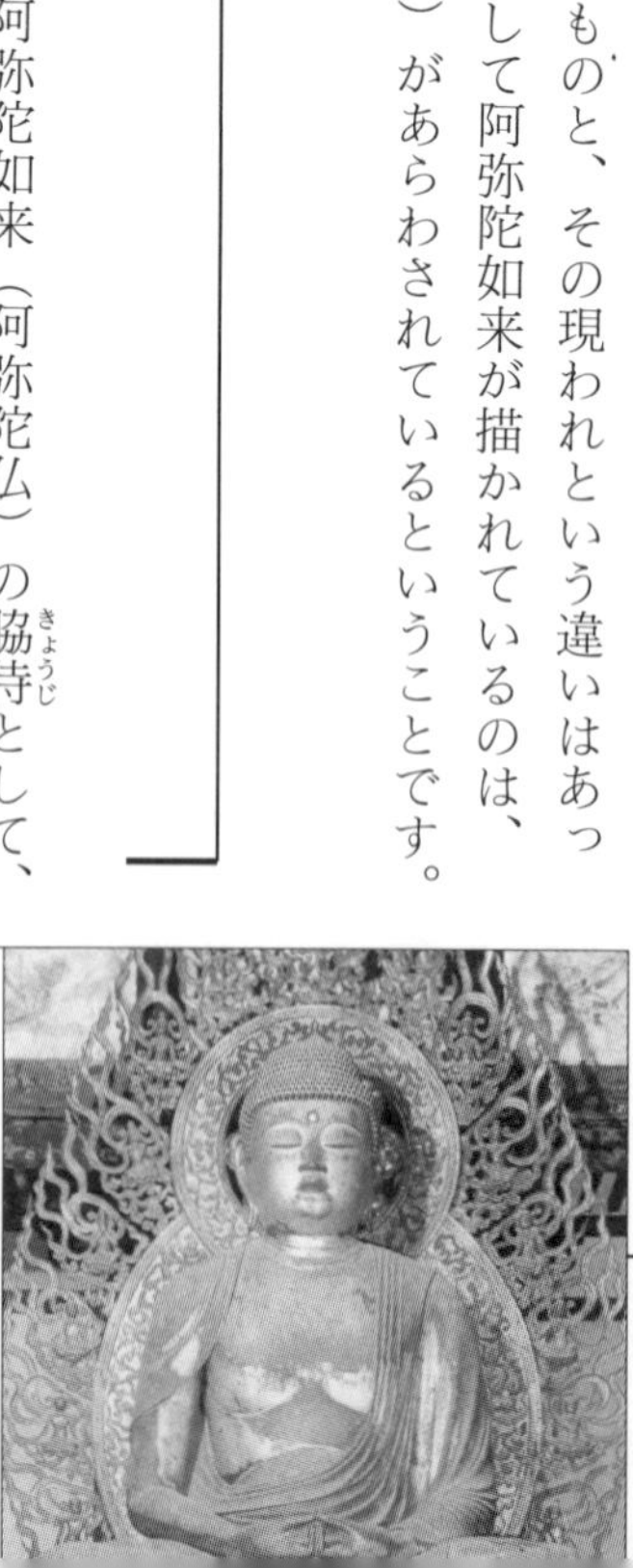

阿弥陀如来
（京都宇治・平等院）

阿弥陀三尊像
（京都・三千院）

阿弥陀三尊の種子

説で、無量光と訳し、事実、その名で無量光として世に行われたこともあります。しかし、これよりも多く世に広まったのは「アミターユス（Amitāyus）」で、これはアミタは無量、アーユスは寿命を意味します。漢訳して無量寿如来となり、過去においても現在でも阿弥陀仏として世に広まりました。

では、何が無量であるかが大切なところで、一つには阿弥陀仏の慈悲の対象が無量であり、二つには阿弥陀仏のご活躍の場所と時間が無量であるということに尽きます。ですから、阿弥陀仏に慈悲が無量であることは、この仏の活躍を説いたどの経典においても、「どの衆生でも救う（衆生皆済《しゅじょうかいさい》）」「西方浄土に限らない（遍一切処《へんいっさいしょ》）」といったように、普く説かれるところです。

阿弥陀如来と観音菩薩との関係でとくに大切なのは、「法華経」系統の経典と浄土教系統の経典です。中国、日本では弥陀が宗派の根本となり、弥陀宗すなわち浄土宗として広く展開しましたが、観音が一宗として行われるのは、戦後の、東京・浅草の「聖観音宗」が観音宗旨の一特例として挙げられる以外には、ありませんでした。そのかわりに、宗派以外の観音信仰は民間にも宗外にもきわめて盛んに行われました。

観音菩薩の様々な変化

一般に、何か一つの姿が元だと考えれば、それと異なるものは変化ということになりますが、観音菩薩の良いところと人間の良いところとは違っていて、これを仏教の言葉でいえば変化ではなく化身といいます。変化はいろいろな形をとって固定しますが、固定してしかもまた変化するのが化身です。化身があるからこそ、あちこちに観音浄土ができたといえます。変化するのは相手、つまり私たち人間に合わせているからで、相手に合わせるということは、その人にとって異様に感じない姿ということです。つまり、如来・仏よりも身近な存在だといえます。「観音さまはどこにいるのかと一所懸命探していたら、いつも使っている陶枕《とうちん》が実は観音さまだった」というような話が昔から多く伝えられています。

宗教学においては、自分の周辺のものに宗教性を見出すことが最も大切なことです。それは何でも宗教にしてしまうというのではなく、何にでも尊さを感じるという人間特有の心性をいっているのです。

これを言葉で表わすと「浄穢不二《じょうえふに》」といいますが、この浄穢不二がなければ信仰はできません。われわれ人間が生きている世界は当然、穢ということになりますし、そこでは観音菩薩のように浄らかで美しい方を尊敬していれば、それに向かおうとする心が生まれるわけです。

人間は元来、低いものに憧れ讃美することはなく、やはり高いものを目指しますが、ここに向かう過程に堕落的な要素が集まるのを浄めやり、汚れたらまた浄めるという繰り返しが修行であって、浄穢不二だからと放逸に走ることは、かたく戒めなければいけないわけです。

六観音

浄土と穢土《えど》の双方に出現し、活躍するのが菩薩であるとされますが、世の中の出来事すべてを見そなわすといわれる観音は、その代表といわねばなりません。世の中すべてを見るためには、どのような姿にもならねばならず、どのような形ともなるわけです。昔から観音の変化《へんげ》した形（変化身・化身）は三十三（三十三観音）あるいは六（六観音）等々さまざまにいわれ、いかなる形をもとり得ない観音はなかったといってよいでしょう。

このうちでも六観音というのは、地獄・餓鬼・畜生・修羅・人・天の六道に、それぞれにふさわしい姿であらわれ衆生を救う六種の観音さま方です。その名称は、宗派や流派に

聖観世音菩薩

𑖭《サ》（種子）

十一面観音菩薩

𑖎𑖿𑖧《キヤ》（種子）

千手観音菩薩

𑖮𑖿𑖨𑖱𑖾《キリーク》（種子）

准胝観音菩薩

𑖤𑖲《ブ》（種子）

馬頭観音菩薩

𑖮𑖳𑖼《ウン》（種子）

如意輪観音菩薩

𑖮𑖿𑖨𑖱𑖾《キリーク》（種子）

六観音
（京都・大報恩寺）

よって異なりますが、真言宗（東密）では、地獄にあらわれ地獄界の住人を教化《きょうけ》するのは聖《しょう》観音、餓鬼に千手観音、畜生に馬頭観音、修羅に十一面観音、人《にん》に准提《じゅんでい》（准胝）観音、天に如意輪観音があらわれて、苦しむ衆生を救って下さるのです。天台宗の密教（台密）では、人界にあらわれるのは准提ではなく、不空羂索《ふくうけんじゃく》観音であるとされています。

仏の姿をその顔かたちで分類すると、優しい顔の微笑仏《みしょうぶつ》、怒った姿の忿怒仏《ふんぬぶつ》、そのどちらでもない、静かに考えているか坐禅をしている禅定仏《ぜんじょうぶつ》というように、大きく分けて三つになります。このうち、「この人はこんなことをしていたらダメになる！」と、仏の教えを聞こうともしない人びとを戒めるのが忿怒仏で、仏の変化身の中には必ず怒った姿の忿怒仏が登場します。

六観音の中でも、馬頭観音は特異な姿をしている忿怒相の観音菩薩の代表です。頭上に馬頭を載せ、不動明王に似た恐ろしい顔をしています。現代の人びとには馬は優しく人間に従順な動物と思われていますが、その昔は決してそうではなく、象のいる国は別として、軍力を数える時に何万騎というように騎兵の数で言い表わすことからも明らかなように、馬は人間が持った最初で最大のエネルギー、つまり武力だったのです。

観音さまの姿が馬頭になっているということは、馬が畜生を代表する畜類であり、行動力や速さを持っていたからでしょう。

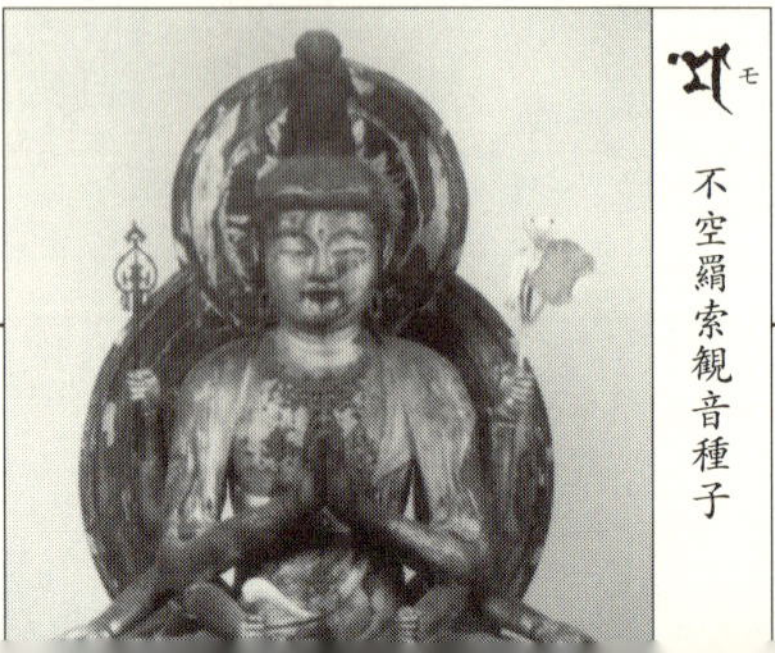

不空羂索観音
（奈良・不空院）

聖天《しょうでん》との関係

十三世紀に編纂された『阿娑縛抄《あさば》』のように、初期の密教の諸仏・諸菩薩・諸天について触れている経典でも、聖天について触れ、他の仏との関係を述べているのは注目に値します。このような様々な密教の諸仏について触れている経典は主として雑密《ぞうみつ》の経典と呼ばれ、聖天も観音とともにその重要な登場者のお一人になっています。

聖天とは、聖なる天人または天女のいいで、人間以上の聖者を意味し、仏教、ヒンドゥー教（インド教）を問わず広く尊ばれました。仏教では聖天といわれ、とくに商業の神として深く尊信されました。チベット・中国はもとより、インドから距たること最も遠く、時代もまた江戸中期の日本においてさえ、聖天は江戸町民の代表的尊信の対象として江戸全体に広まりました。

また聖天は夫婦和合の神として子孫繁栄にご利益があるとされてきました。美術的に見ても、男女和合の姿を持つ日本では数少ない和合神であり、これをサンスクリット語ではユガ・ナッダ（yuga-naddha）、チベットではヤブ・ユム（yab yum）といいます。この和合神または父母神の実例として今日に至るまで残されているわけですが、この聖天も観音

ギャクギャク
聖天種子

聖天

菩薩と深い結びつきがあります。

前に触れた『阿娑縛抄』第百四十九歓喜天《かんぎてん》の巻によれば、かつて象頭山というところに住んで眷族《けんぞく》とともに災いをもたらしていた毘那夜迦《びなやか》（Vināyaka）が、毘那夜迦女、つまり女性の毘那夜迦と化した観音菩薩に導かれ、行いを改め、逆に仏法を護ることを誓うようになったと書かれています。

このような聖天との関わりからも、観音菩薩の変化の多様性と教化《きょうけ》や利益《りやく》の力の大きさを知ることができます。

東大寺大仏の脇侍《きょうじ》——観音と虚空蔵《こくうぞう》

奈良・東大寺の本尊は毘盧遮那仏《びるしゃなぶつ》で、東大寺の本尊たるにふさわしく、世間（人）・出世間（仏）の本体であり、本尊（礼拝対象）であり、一般に大仏と呼ばれていますが、この大仏は宇宙全体を表わしているのです。

虚空蔵菩薩はその名の示す通り大空を形で表わした仏であり、観音菩薩は観世音、すなわち世間の音を観じる菩薩であり、大地の働きすべてを表わしているので、大仏の脇侍は観音・虚空蔵ともに仏・菩薩の代表と考えている、と説明されています。虚空蔵・観世音

タラーク
虚空蔵菩薩種子

虚空蔵菩薩
（奈良・東大寺）

があればこそ、毘盧遮那仏の功徳もすべてのところに行き渡ることができるのです。

虚空蔵菩薩は民間の信仰においては三十三回忌供養の仏とされ、この仏を祀って法事を営めば、死者の魂は先祖の仲間入りをしたとされています。ですから、東大寺の大仏は一尊大仏のゆえに尊いのではなく、一尊即多尊を表わしているから尊いのであって、多尊は虚空蔵菩薩や観音菩薩を通じて大仏の境地とつながっているのです。これこそ、この大仏の真骨頂というべきでしょう。

毘盧遮那仏（大仏）
（奈良・東大寺）

日本における観音信仰

日本における観音信仰は、観音さまを祀る、観音さまにお参りに行くというように、観音に関する直接の知識というよりも、観音菩薩の持っている力に対する信仰といえるでしょう。観音菩薩の実態についての研究、たとえば観音と弥陀の一体説（観音菩薩と阿弥陀如来は同一である）や、観音と地蔵の同異説（二体の仏と考えるか、一体で両方の仏と考えるか）などは、日本に観音信仰が入って来て以来の伝統です。

観音菩薩を信仰する人、観音信者でなくても観音菩薩に強い関心を持つ人、一度でも観音菩薩をお参りした人びとをさして「観音人口」といい、これは仏教人口とほぼ等しいというところでしょう。

以前、私は仏教についての知識を少し持っている外国人から「代表的な日本の仏さまは何か」と質問され、「浄土教なら阿弥陀如来というように、宗派で信仰している仏さまもあるけれど、宗派を離れてというとやはり観音さまだろう。その他には地蔵信仰が盛んで、そちらも大変な数になると思う」と答えたことがあります。わが国では観音さまとお地蔵さまはとくに厚く信仰されてきました。

平安初期の仏教説話集である『日本霊異記』には、観音菩薩を信仰する、あるいは経典を書写した功徳によって、観音菩薩が様々な姿になって現われ、人びとを災難から救って下さったり、願いを叶えて福を与えて下さるという因果応報に関する話が多く載せられています。また『今昔物語集』にもこれに類似した説話があり、観音菩薩は話の随所に登場しますし、とくに巻十六はすべてが観音霊験譚（利生譚）となっています。それらは身近な例をもとに善い行いには善い報いがあり、悪い行いには悪い報いのあることを説いて、仏の教えを広め、その結果、人びとは信仰を深めていったのです。

既に述べたように、観音さまの本当の役割とは、どんなところにでも必ず現われて下さるという方便思想です。「方便」はサンスクリット語ではウパーヤ（upāya）といいますが、「方」は〈手だて〉、「便」は〈近づくこと〉で、近づいて助けるという意味です。「私も近づくからお前たちも近づけよ」と、ほとけの呼びかけがあって、それに人間が近づいて行くことをいいます。

実在する高僧を信仰するのも方便思想の一つです。高僧は般若を自分の身につけて活躍している人だからです。どのようなことでも嫌がらずに近づいて行き、その人の身になっ

西国三十三所観音霊場
第二番札所
金剛宝寺護国院
（紀三井寺・和歌山）

て考えてくれるからで、これが般若思想です。「般若」はサンスクリット語のプラジュニャー（prajñā）を音写した音訳語で、仏の智慧を意味しますが、人間の知恵とは違ってその人の身になることをいいます。

『平家物語』一之巻には祇王が謡った今様に、「仏も昔は凡夫なり、我等もついには仏なり」というよい言葉があります。また、灌頂之巻では平家一門の栄華と滅亡というこの世の無常が語られていて、方便思想と般若思想の両方を備え、自由に往き来しています。これは仏の智慧をよく知っていて方便（世間）を説いているすぐれた物語です。

仏教では方便と般若は必ず一つです。方便は実行で、般若は智慧です。慈悲と般若といってもよいでしょう。これを二而不二《ににふに》（二つであって二つでない）、インドの言葉ではドヴァイターアドヴァイタ（dvaita-advaita）といいます。

悩み苦しみは一人ひとり違いますから、一億人が一億の苦しみ方をしていることになります。それを救うのは、どのような立場・姿にもなれるひとでなければ不可能で、それができるのが観音菩薩なのです。

「念彼観音力」と観音利生譚《りしょうたん》

まず、本書のタイトルにも拝借した「念彼観音力」という言葉について考えてみましょう。「見聞知一如」の例としての、道元禅師（一二〇〇―五三）の「聞くままにまた心なき身にしあれば、おのれなりけり軒の玉水」、大燈国師（一二八二―一三三七）の「耳に見て目に聞くならば疑わじ、おのずからなる軒の玉水」という二つの詩《うた》があるように、念彼観音力とは文字通り音を観るといわれる仏の力を念じることです。音を観るということは普通はいいません。音なら聞くです。しかし、仏の場合は、音を書き示せば直ちに経となり論となってみることができます。すなわち、音はみることができるものとなります。その音の働きが直ちに仏の力ということができるわけですから、ここでは、彼《か》の観音の力を念ずれば、というわけです。

この場合の念ずるとは心に思うことで、一番軽い意味をとると、子供の時あるいは大人になってからでも、「観音経」を唱えた人なら十分「念」になります。念はサンスクリット語でスムリティ（smṛti）、すなわち思って乱れないことをいいますが、そこまでいかなくても、心に観音菩薩を思い浮かべる、「念彼観音力」と唱えるだけでもよいのです。

観音さまを信仰することによって得られる不可思議な応験《おうげん》利益《りやく》で、たとえば、『壺坂寺霊験記《れいげんき》』や『長谷寺霊験記』などのように、観音霊場の寺々には寺の縁起として観音さまの霊験譚があり、それを絵にしたものです。

十六番 音羽山 清水寺

十七番 補陀洛山 六波羅密寺

十五番 新那智山 観音寺

三番 風猛山 粉河寺

西国三十三所札所巡礼　観音霊験記（広重・豊国画）

六番 壺阪山 南法華寺(壺阪寺)

三十二番 繖山 観音正寺

二十三番 応頂山 勝尾寺

二番 紀三井山 金剛宝寺護国院

九面観音菩薩（奈良・法隆寺）

このように、われわれが触れることのできる観音菩薩の力は、ほとんどの場合、われわれ人間に生きていく上の力を与えてくれるものがたりとなって伝えられます。この種の話を「利生譚」といいます。利生とは、生きものを利する、生きものの役に立つということを意味し、それは私たちの側からいえば、私たちが生きていく上に役立つということです。このような例話となれば、その性質も種類も極めて多種多様となります。これまでもたびたび触れてきましたが、古くは『日本霊異記』や『今昔物語集』がその宝庫といえますし、また江戸時代以後に広く人びとに親しまれたものがたりとして、お里・沢市の『壷坂寺霊験記』などは代表的なものでしょう。

観音・不動の一体説

観音菩薩の忿怒形が不動明王ですが、諸宗を通じて行われている法事の十三仏の中にも、初七日から亡者をお守り下さるお方として、忿怒形の代表である不動明王が入っています。

不動明王は名前のあとに付く明王号で分かるように、仏の智慧をあらわすお方です。智慧は世のこと、人のことを明らかにする力のことですから「明」といいます。現代の言葉に直せば、学問と最も近い言葉となるでしょう。

不動明王
（奈良・東大寺）

不動明王種子

智慧をそなえており、しかもその姿からも分かるように、力強いうえに、仏さまよりもいっそう私たちに近く、直接に呼びかけることができる方でもあります。

このように身近な存在ですから、不動信仰も古くから盛んに行われており、利生譚の多さも観音菩薩に次ぐといえます。

少々古い時代の話ですが、佐藤紅緑の『英雄行進曲』は、この不動信仰を小説にした代表例といえましょう。それは、わが国の運送業がまだ荷車のみに頼っていた頃、一生涯、不動明王を信仰しつつ、生活信条としては正直一筋に来た、刄太という主人公がついに大成してトラックを多数使用するまでになったという話でした。印象深かったのは、この刄太が初めてトラックを購入することになったとき、ここまでやってこられたのも、不動信仰の賜物だと考えて「不動号」としようと思ったのですが、自動車が〝不動〟ではやはり具合が悪いということで、正直一辺倒で来たおかげで今日があると考え直し、「正直号」と命名することにしたという件でした。

観音菩薩と不動明王とはまったく違う仏だと思われますが、最初に述べたように、観音菩薩の忿怒形が不動明王になります。この観音と不動を結ぶものは慈悲だからなのです。慈悲を発揮するには極めて強い力が必要になりますが、悪に落ちようとするものを厳しく叱る強さをあらわした姿が、不動明王なのです。この強い力を出しきれずに、ただ優しい優しい・可哀そう可哀そうという場合、それは慈悲に形は似ていますが慈悲魔ということになります。自分の子供だけが可愛くて叱ることもできないという慈悲魔に陥っている母親を近頃は大勢見かけます。この言葉をさかんに使ったのは日蓮上人ですが、上人は弟子に宛てた手紙の中で、慈悲魔にならないよう意志を奮い立たせるようにと、強い言葉でおっしゃっています。

観音・閻魔の一体説

閻魔は文字でお分かりのように、サンスクリット語の音写です。サンスクリット語そのものではヤマ（yama）といい、不二という意味です。本来の意味は生死《しょうじ》を司る神の居処、具体的には死者の居処の意味に使われてきました。閻魔（天）はその処、あるいはその処の住人をいうので、住人の場合は正しくはヤマの音どおりの夜摩天（yama-dēva）といい、その住処を統《す》べる方が閻魔王で、サンスクリット語でヤマラージャ（yama-rāja）といいます。

この神は仏教以前からインドにあった神で、古くから死者の国あるいは死そのもの（の王）とされてきましたが、その場合注意すべきことは、この神は双神――ヤマとヤミー（yamī）という兄妹あるいは双子ともいわれてきたことです。双神に広く見られる二性格

閻魔の種子

閻魔大王
（奈良・白豪寺）

の合体説は、閻魔王あるいは閻魔神の場合にも典型的にあらわれており、ヤマとヤミーは同じ一つの徳を半分ずつ分け持っているとも、違う徳をそれぞれ別々に持ち合っているともいわれます。

よく知られるように、仏教においても閻魔は地獄における裁きの神としてこの上なく恐れられたほとけですが、同時にこのほとけはいかなる悪人の一片の慈悲心、一片の懺悔《さんげ》心に対してすら、直ちに感応したまう神で、どのほとけよりも早く完全に人を救い取って下さる神だとされています。

観音・不動の一体説と同じ理由で、しかももっと強意のものがこの閻魔と観音との一体説です。閻魔王によって酷い目にあわされるのは地獄に堕ちた人びとですが、地獄に堕ちた人にもそれぞれの理由があり、なかでも親不孝が最も多いといわれます。また、その中でも典型的なものが親に先立つ不孝とされており、どんなに優しく良い子でも、親より先に死んでしまうことがあります。親に先立つ不孝を許してもらうため、観音さまにお願いすると、「閻魔は昼夜姿を変える」といわれますが、閻魔が観音の姿になって、こんど転生（生まれ変わる）する時にはその家の次の子、または孫として生まれさせるのです。このような信仰が普通の生活の中に浸透していたためでしょうが、「この子は死んだ子にそっくりだねえ、生まれ変わりだよ」と昔はよく言ったものです。

そのようなご利益が観音信仰、ひいては観音菩薩の化身（三十三観音）への信仰につながります。化身はどの仏にもありますが、観音菩薩の化身はとくに顕著で、その時々に応じてそれぞれの姿になってわれわれを生かして下さるのです。

観音・閻魔の一体説は、地獄の思想を恐れれば恐れるほど、観音さまはありがたい、閻魔さまもありがたいという信仰に結びついていきました。

地蔵・閻魔の一体説

「四谷の閻魔様」の名で知られている東京・新宿の太宗寺《たいそうじ》は、形は閻魔大王の姿で、実は地蔵菩薩が本体として信仰を集めてきました。

閻魔（閻羅）・地蔵の一体説は、古くは『今昔物語集』に説かれています。これは藤原朝臣広足《ひろたり》の冥界下りを記したもので、この中で広足の問いに答え、冥界の主が「我を知らむと欲《おも》はば、我は閻羅王、汝が国に地蔵菩薩といふ、これなり」と告げているのです。

地蔵菩薩はサンスクリット語でクシティガルバ（kṣitigarbha）といい、お釈迦さまの依頼を受け、お釈迦さまがお亡くなりになってから、未来仏である弥勒菩薩がこの世に現われるまでの無仏の時代に衆生《しゅじょう》を救って下さる菩薩で、「一切衆生を救ってのち、はじめて私も成仏しよう」と誓った〈願生《がんしょう》の菩薩〉です。化身も多く、その身を地獄・餓鬼・畜生・

閻魔と地獄

六地蔵

地蔵菩薩（京都・東寺）

地蔵菩薩種子・真言

カ

オンカカカビサンマエイソワカ

帰命す、ハハハ（笑声）稀有なる徳を有する威力尊（地蔵菩薩）よ。成就せよ。

修羅・人間・天の六道の至るところに現わすとされています。その地蔵菩薩を本地《ほんじ》（本当の姿）とした垂迹《すいじゃく》（仮の姿）が閻魔王で、『長阿含経《じょうあごんぎょう》』の「世記経《せききょう》」第四章「地獄品」には、王である閻魔は地獄の衆生たちを冷厳に裁きながら、一方で昼夜三回、熱した洋銅を口に注がれ、地獄の衆生たちとその業の苦しみ、罪ゆえの苦しみを共にしている、と書かれています。このように業を共にし、その結果を共にしている（共業共果《ぐうごうぐうか》）からこそ、閻魔王は衆生を厳しく裁けるのです。

　このような思想を背景にした地蔵菩薩ですが、普通は道端に祀ってある親しみやすいお姿を取っています。道端に祀ってあるということは、誰でもお参りできるということを意味し、道中の人はもちろんのこと、外で遊んでいる子供たちをも守って下さるほとけなのです。夕方、家に帰る時に「一日けがもせずに遊べました。ありがとうございました」と、お地蔵さまにお礼を言って帰るよう昔の親は教えたものです。このような形の地蔵信仰、町なかでの地蔵信仰は広く行われていました。

般若唯一・方便無量

般若とは、前述したように智慧のことですが、この「般若」の繰り広げるわれわれの日常生活におけるその応用、その力というものが、「無量の」方便ということになります。
　この、われわれの仰ぐべき仏智としての般若と、その応用としての方便とは、仏教のアルファであり、オメガであり、仏の智慧の力であり、また仏の手足《しゅそく》の力であるといってもよいでしょう。他の場面で名を変えて出て来て下さる仏の種々相も、いずれも同じ考えのあらわれと見なしてよいといえます。

　前に取り上げた閻魔王の姿や考えも、その考えに近づかないかぎり、姿だけで考えれば、仏とは正反対の、ただ恐ろしい方だと考えてしまうかも知れません。しかし、閻魔は仏の地獄における一つの姿であるに過ぎません。これを仏教では「般若唯一・方便無量」といいます。

　このことを最も適切に表現しているのは、平安末期に後白河上皇が撰出した今様の歌詞集『梁塵秘抄《りょうじんひしょう》』にある法文歌です。「仏は常にいませども　現《うつつ》ならぬぞあわれなる　ものの音せぬ暁に静かに夢に見え給う」

　仏の智慧は、平家物語の昔でも今日でも変わることはありませんが、われわれの身や心をめぐって仏が現われて下さるお力やお姿は、平家の昔とはまったく異なったものとなるかも知れません。しかし、平家の昔でも、今日の飛行機・自動車の中においても、仏の力を感ずることに違いのあるはずはありません。

　西洋でいえばルネサンス以後、東洋でいえば明・清、明治以後ではずいぶん形は違ったということになるでしょうが、その根底にある、考えても分からないけれども有難い何か、不思議な何かというものは、時期・時間には関係なく今日も続いているといわねばならないと思います。

雲中供養菩薩
（京都府宇治・平等院）

第二部

観音経を読む

Read the Kannon-gyo

第二部

観音経を読む

1 観音経とその味わい方

法華＝仏法の華

釈尊一代の説法は八万四千の法門（教え）といわれますが、その中で蓮華にたとえられ最も尊重されるお経が『妙法蓮華経』、すなわち『法華経』であるとして、「諸経の王」「通大乗の妙典」といわれています。『法華経』は文字通り法の華を意味し、仏法の中心的存在です。

この『法華経』の中でも最も有名なのが、観音菩薩の功徳力を説いた「観世音菩薩普門品」です。これは、一般に「観音経」といわれて独立したお経のように扱われていますが、経典目録を見ても「観音経」はありません。なぜなら、経題に『妙法蓮華経巻第八』とあるように『法華経』の一部であり、『法華経』二十八品（章）の中の終わりに近い二十五番目になって、突如という感じで観音菩薩が出てきたのがこの「普門品」だからです。いわば観音菩薩が『法華経』を締めくくっているといえるでしょう。

「観音経」すなわち「普門品」は、長行《じょうごう》と偈《げ》からできています。長行というのは、サンスクリット語でgadyaといい、散文体の文章です。偈はgāthāといい頌《じゅ》と意訳します。経文の中で詩句（歌）によって仏の徳を讃嘆したり、教法の真実を述べた韻文で書かれたものです。

このように「普門品」は観音菩薩の様々な力・功徳を讃嘆しているお経で、観音菩薩についての説明が散文で書かれたもの（長行）と、内容はほとんど同じで、韻文（漢訳では五言絶句）で観音菩薩の力を十二（十二力）、さらに少し離れた個所に一つの合わせて十三（十三力）を歌の文句（偈）によってまとめています。この偈の部分が一般に「観音経」と理解されて唱えられているものです。

長行と偈とのどちらが先に成立したのか、という論争が昔からありますが、「いかなる経典も自己の成立については何事も物語らない」（中村元博士）、「偈と長行の先後関係は不定である」（宮本正尊博士）といわれるように、いまだに分かっていません。観音菩薩の働き・

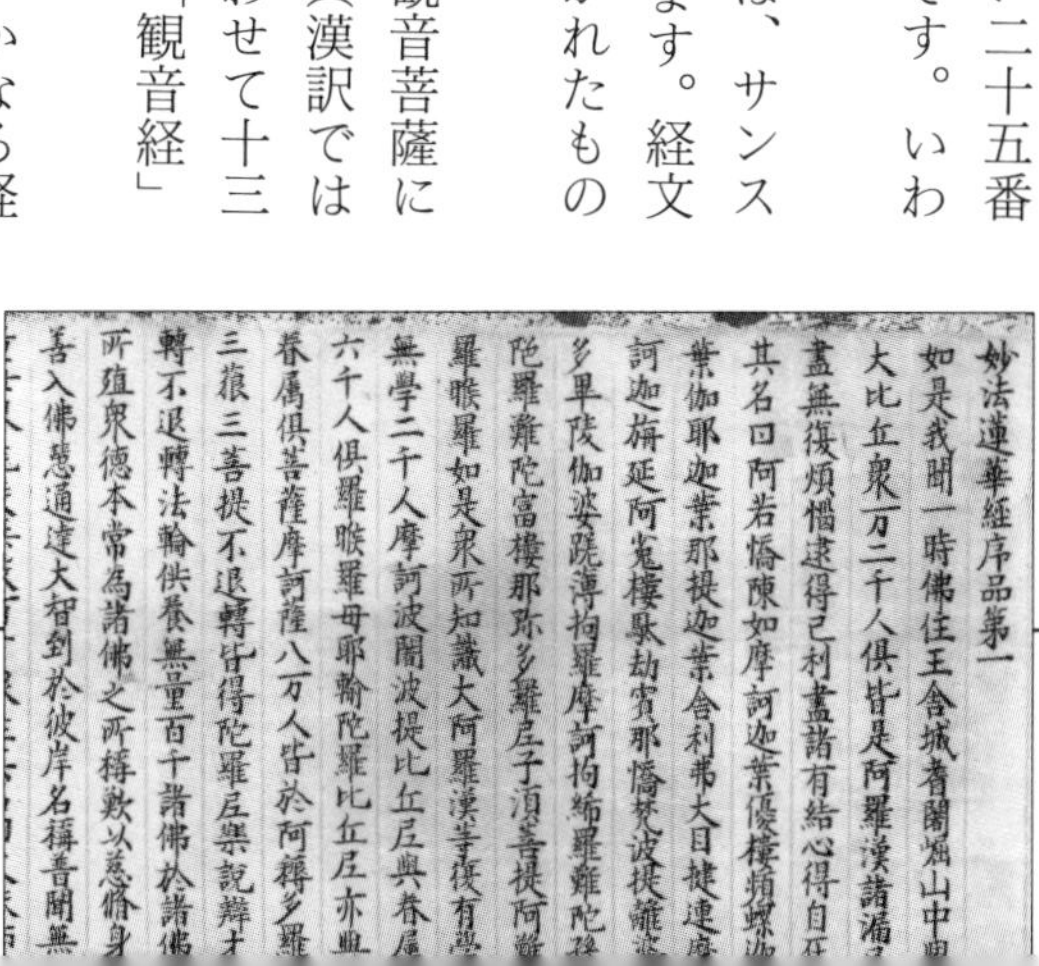
妙法蓮華經序品第一
如是我聞一時佛住王舍城耆闍崛山中
大比丘衆万二千人倶皆是阿羅漢諸漏
盡無復煩惱逮得己利盡諸有結心得自
其名曰阿若憍陳如摩訶迦葉優樓頻螺迦
葉伽耶迦葉那提迦葉舍利弗大目揵連摩
訶迦旃延阿㝹樓馱劫賓那憍梵波提離婆
多畢陵伽婆蹉薄拘羅摩訶拘絺羅難陀孫
陀羅難陀富樓那弥多羅尼子須菩提阿難
羅睺羅如是衆所知識大阿羅漢等復有學
無學二千人摩訶波闍波提比丘尼與眷屬
六千人倶羅睺羅母耶輸陀羅比丘尼亦與
眷屬倶菩薩摩訶薩八万人皆於阿耨多羅
三藐三菩提不退轉皆得陀羅尼樂說辯才
轉不退轉法輪供養無量百千諸佛於諸佛
所殖衆德本常爲諸佛之所稱歎以慈修身
善入佛慧通達大智到於彼岸名稱普聞無

法華経

法華＝仏法の華

功徳を散文で述べてから、韻文の偈でまとめたという説（長行先行論）と、まず偈で観音菩薩の力を讃え、後からその説明がなされたという説（偈先行論）がありますが、梵文を見ても先後関係は不明です。長行と偈に先後があるとは思いますが、要するに、観音信仰という点では同じですから、現在では短い時間で唱えられるということと、内容的によくまとまっているということで、五二〇文字から成る「世尊偈」（偈の部分）を一般化しています。

文献学的に説明すると、六訳三存（三欠）といって、経典がインドから中国へ入って来たとき、六回翻訳されましたが、残っているのは三訳だけです。その中で鳩摩羅什《くまらじゅう》訳の『妙法蓮華経』（『妙法華』七巻あるいは八巻。姚秦文桓帝の弘始八年《A.D.406》）が代表訳ですが、これと『正法華経』（『正法華』十巻。西晋景帝の太康七年《A.D.286》、竺法護《じくほうご》訳）には偈頌《げじゅ》がなく、『添品妙法蓮華経』（『添品法華』七巻あるいは八巻。隋文帝の仁寿元年《A.D.601》、闍那崛多《じゃなくった》等訳）は『妙法華』を本とし、偈頌等の欠文を補ったもの、というようにやや複雑な経典なのです。

「観音経」はインドでできた格調高いお経で、梵本も現存していますが、「観音経」は独立した経典だ（観音経別立説）という説に対して、『法華経』あっての「観音経」で、『法華経』の中の一章（第二十五品）だ（観音経共立説）という説もあります。

つまり、この「観音経」は自己完結しており、独立の経典としてもよいのではないかと

蓮華

いう説です。これは、過去において『法華経』を世に広めるのに最も力があったのがこの「普門品」(「観音経」)であったからでしょう。

しかし、「観音経」という言い方は『法華経』から離れて他のお経になってしまう、と反対する人びとも数多くいます。中国の天台大師(智顗《ちぎ》　五三八－五九七)や日本天台の伝教大師(最澄　七六七－八二二)も、「観音経」という名称は避けて「普門品」といい、『法華経』の一章として扱っています。『法華経』を中心に考えている人びとには当然のことだといえるでしょう。

如来寿量無量・如来方便無量

『法華経』の中心思想には二つのものがあると思われますが、一つは「如来寿量無量」(仏の寿命は量れないほど長い)で、「仏は不滅」という言葉に置き換えてもよいでしょう。しかし、仏は不滅と聞きながらも、仏(釈尊)は一度亡くなった方だということも知っています。『法華経』と並んでよく知られている経典に『涅槃経《ねはんぎょう》』(釈尊入滅時のことが書かれている経典)があります。この「涅槃」も後世になるといろいろな意味が付け加えられましたが、もとの意味は「吹き消す」(ニルヴァーナ nirvāṇa)で、熱い火を消すと涼しくなるように、煩悩が消えてさとりを得ることをいうのですから死ぬ必要はなく、さとりをひらくことを「涅槃に入る」といいます。しかし、この場合は肉体が残っている（余っている）ので「有余《うよ》涅槃」といいますが、肉体があるので再び迷いを生じる恐れがあります。これに対して、肉体の無い（余りのない）涅槃を「無余《むよ》涅槃」といいます。釈尊は中インドのクシナガラ（Kusinagara）の沙羅樹の下で、八十歳で一期《ご》（一生）の寿命を終えて無余涅槃に入り、法身《ほっしん》（真実そのもの・仏身）となったのです。釈尊も人間として生まれた（色身《しきしん》＝物質的・生理的存在＝肉体）のですから、色身は必ず滅します。滅した色身にわれわれはもう会うことはできませんが、色《しき》（色・形）を離れた法身は常に宇宙に存在しているのです。人間はみな母から産まれた身体が一期のあいだ続いていることを「一期の相続」といいます。

『法華経』の中心思想のもう一つが「如来方便無量」で、これによると、仏の働きも不滅なのです。仏を祈るとその祈りの中に仏は現われて来て、様々なよい方法を用いてわれわれ衆生《しゅじょう》を導き護って下さるのですから、仏の功徳はどこにでも誰にでも行き渡っているということです。

「観音経」でこれらの思想が端的にあらわされているのは、この教えを説く原因となった無尽意《むじんに》菩薩が、観音菩薩への供養として、身に着けていた瓔珞《ようらく》（首・胸かざり）を差し出した件です。ここで観音菩薩はこれを二分して、釈迦如来と多宝如来に奉っています。

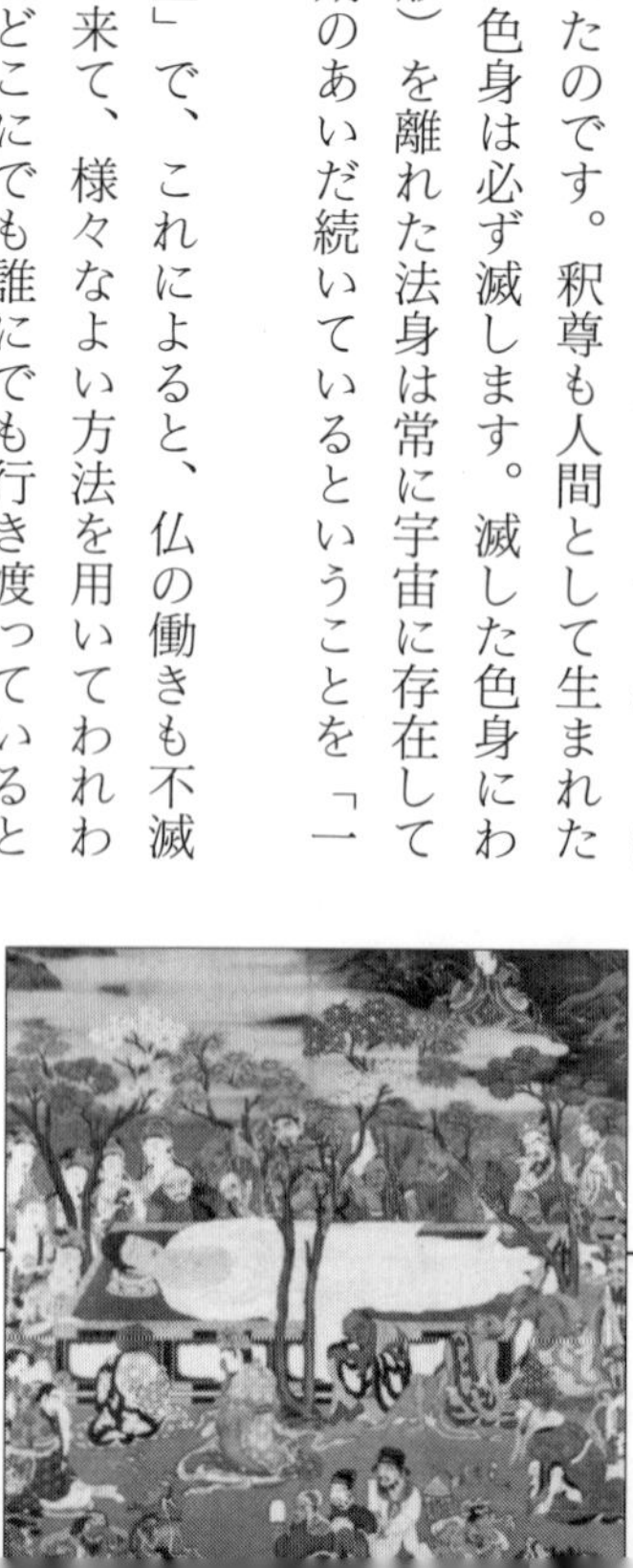
涅槃図
（高野山・金剛峯寺）

歴史上の釈尊はすでに入滅しても、それは衆生を教化《きょうけ》するために示した姿にすぎず、釈迦如来は久遠《くおん》の昔に成就していた（久遠実成《じつじょう》）仏で、常にこの世に存在している現在仏である、ということです。そして多宝如来は三世（過去・現在・未来）の仏で、未来永劫にわたってわれわれ衆生を救って下さるという未来仏です。この二仏が多宝塔（下層が四角で丸い塔身の上に方形の尾根をのせた二重の塔）の中に並んで坐っている（二仏並坐《びょうざ》）ことで、仏不滅・如来寿無量の『法華経』の思想を表わしているのです。

また、観音菩薩が神通力によって相手に合わせて三十三の姿（三十三身）で示現（身を現わす）し、苦しみ悩む人びとを救って下さることで、方便無量の様々なありようを示しているのです。そこに示される教えには、誰でも救って下さるという不思議な働き（妙用《みょうゆう》）も説かれています。この三十三の姿を三十三観音といい、西国・坂東・秩父の観音霊場も「観音経」に基づいています。衆生の器《うつわ》に合わせて身を十九に化現し（これを細分すると三十三身になる）説法なさることが説かれているので、これを十九説法といいます。

観音経の味わい方

『般若心経』と「観音経」を知らない人はまずいないでしょう。観音菩薩が説かれた経典

高野山多宝塔
（和歌山・金剛峯寺）

が数多くある中で、なぜこの二つが取りあげられるかというと、いずれもが観音信仰または観音主催のお経の代表だからなのです。

「観音経」では、観音さまを信仰するとこのような功徳がある、と説かれていますが、勉強したからといって信心が起こるわけではなく、「信・解《げ》・行《ぎょう》」というように、信じ、理解して、実践することが大切です。仏の教えを本当に身につける土台は知識・理解ではなく、信心です。仏教では仏を信じることを信、自分の心で強く信じるから信心といいます。この二つが代表的な言葉です。キリスト教では信仰といいますが、この言葉は仏教でも『大日経疏《しょ》』に出てきます。仏教で最もよく使う言葉が「仰信《ごうしん》」で、自分の信じる仏を仰ぐという気持ち、何も分からないがまず信じるということを意味しています。これに対して、教えの道理を理解して信じることを「解信《げしん》」といい、信心にはこの二つがあります。

ある仏教学者が「観音経はひたすら観音の名前を繰り返しているだけで、内容のない経典である」と言って大問題になったことがありますが、信心している仏さまの名前を繰り返し唱えるのは宗教の形式ではごく一般的な行為なのです。ありがたい人の名前を唱えて、「あなたのおかげで」、「あなたがいたから生きて行くことができるのです」という礼讃は仏教のみならず、キリスト教でも同様でしょう。

仏教においても、浄土真宗は「南無阿弥陀仏、南無阿弥陀仏」と繰り返し唱えます。真言宗でも難しい教義は数多くありますが、最も易しい形で実行できるのが遍路で、白い衣

四国八十八所巡礼
第四十八番西林寺
（愛媛）

の背に「南無大師遍照金剛《なむだいしへんじょうこんごう》」、菅笠と金剛杖に「同行二人《どうぎょうににん》」と書いて、弘法大師ゆかりの四国の寺々を巡礼します。「南無大師遍照金剛」と唱えると、「お大師さま」すなわち弘法大師空海（七七四―八三五）が一緒に歩いてくれるといいます。「一人ではないよ、私がそばにいるから」というのが同行二人の意味するところで、この言葉を現代的に表現したのが岸本英夫博士の「宗教に孤独なし」です。一人で歩いていても自分の影が映る、その影が遍照金剛（弘法大師）だといわれています。このように、ほとけはいつも身近にいて下さるわけです。

　遍照とは「あまねく照らす」という意味で太陽のことですが、太陽は影をつくります。しかし、大日如来はあまねく照らしてしかも影をつくらないから、太陽より偉大だという意味合いを込めて大きな日、大日と表現されているのです。

　遍照金剛とは大日如来のことですが、空海が中国の青龍寺で師の恵果阿闍梨《けいかあじゃり》から密教の奥義を授けられ、灌頂《かんじょう》を受けたとき与えられた密号（密教名）はこれに由来しています。太陽の光の力で動物も植物も生育するので、仏の慈悲をあらわすのが遍照です。また、金剛とは様々な危険から身を守る強い力のことをいいます。

　『法華経』の精神からいっても主尊である釈迦如来はどのほとけの姿にも変化することができるのですから、仏の変身を認める以上は、形は観音さま、阿弥陀さま、お大師さまであっても、もとは釈尊なのです。ですから、宗派の争いなどは誠に愚かしいことで、他宗

遍路姿

の仏さまを謗るということは、自分の宗派の仏さま、天台宗、日蓮宗の場合でいえば『法華経』の釈尊を謗ったのとまったく同じことになります。江戸時代の人びともこのことはよく知っていて、「宗論はいずれ敗けても釈迦の恥」と心得ていました。

救世観音菩薩（本文36頁参照）
（奈良・法隆寺）

2 観音経(全文)

妙《みょう》法《ほう》蓮《れん》華《げ》経《きょう》巻《まき》第《だい》八《はち》

妙《みょう》法《ほう》蓮《れん》華《げ》経《きょう》観《かん》世《ぜ》音《おん》菩《ぼ》薩《さつ》普《ふ》門《もん》品《ぼん》第《だい》二《に》十《じゅう》五《ご》

後《こう》秦《しん》亀《き》茲《じ》国《こく》三《さん》蔵《ぞう》法《ほっ》師《し》鳩《く》摩《ま》羅《ら》什《じゅう》奉《ほう》　詔《しょう》訳《やく》

爾《に》時《じ》　無《む》尽《じん》意《に》菩《ぼ》薩《さつ》　即《そく》従《じゅう》座《ざ》起《き》　偏《へん》袒《だん》右《う》肩《けん》　合《がっ》掌《しょう》向《こう》仏《ぶつ》　而《に》作《さ》是《ぜ》言《ごん》　世《せ》尊《そん》
観《かん》世《ぜ》音《おん》菩《ぼ》薩《さつ》　以《い》何《が》因《いん》縁《ねん》　名《みょう》観《かん》世《ぜ》音《おん》　仏《ぶつ》告《ごう》無《む》尽《じん》意《に》菩《ぼ》薩《さつ》　善《ぜん》男《なん》子《し》　若有《にゃくう》無《む》
量《りょう》百《ひゃく》千《せん》万《まん》億《のく》衆《しゅ》生《じょう》　受《じゅ》諸《しょ》苦《く》悩《のう》　聞《もん》是《ぜ》観《かん》世《ぜ》音《おん》菩《ぼ》薩《さつ》　一《いっ》心《しん》称《しょう》名《みょう》　観《かん》世《ぜ》音《おん》菩《ぼ》薩《さつ》

即《そく》時《じ》観《かん》其《ご》音《おん》声《じょう》　皆《かい》得《とく》解《げ》脱《だつ》　若《にゃく》有《う》持《じ》是《ぜ》観《かん》世《ぜ》音《おん》菩《ぼ》薩《さつ》名《みょう》者《しゃ》　設《せつ》入《にゅう》大《だい》火《か》　火《か》不《ふ》
能《のう》焼《しょう》　由《ゆ》是《ぜ》菩《ぼ》薩《さつ》威《い》神《じん》力《りき》故《こ》　若《にゃく》為《い》大《だい》水《すい》所《しょ》漂《ひょう》　称《しょう》其《ご》名《みょう》号《ごう》　即《そく》得《とく》浅《せん》処《しょ》　若《にゃく》有《う》
百《ひゃく》千《せん》万《まん》億《のく》衆《しゅ》生《じょう》　為《い》求《ぐ》金《こん》・銀《ごん》・瑠《る》璃《り》・硨《しゃ》磲《こ》・碼《め》碯《のう》・珊《さん》瑚《ご》・琥《こ》珀《はく》・真《しん》珠《じゅ》等《とう》宝《ほう》
入《にゅう》於《お》大《だい》海《かい》　仮《け》使《し》黒《こく》風《ふう》　吹《すい》其《ご》船《せん》舫《ぼう》　飄《ひょう》堕《だ》羅《ら》刹《せつ》鬼《き》国《こく》　其《ご》中《ちゅう》若《にゃく》有《う》　乃《ない》至《し》一《いち》人《にん》
称《しょう》観《かん》世《ぜ》音《おん》菩《ぼ》薩《さつ》名《みょう》者《しゃ》　是《ぜ》諸《しょ》人《にん》等《とう》　皆《かい》得《とく》解《げ》脱《だつ》　羅《ら》刹《せつ》之《し》難《なん》　以《い》是《ぜ》因《いん》縁《ねん》　名《みょう》観《かん》
世《ぜ》音《おん》　若《にゃく》復《ぶ》有《う》人《にん》　臨《りん》当《とう》被《ひ》害《がい》　称《しょう》観《かん》世《ぜ》音《おん》菩《ぼ》薩《さつ》名《みょう》者《しゃ》　彼《ひ》所《しょ》執《しゅう》刀《とう》杖《じょう》　尋《じん》段《だん》段《だん》
壊《ね》　而《に》得《とく》解《げ》脱《だつ》　若《にゃく》三《さん》千《ぜん》大《だい》千《せん》国《こく》土《ど》　満《まん》中《ちゅう》夜《や》叉《しゃ》羅《ら》刹《せつ》　欲《よく》来《らい》悩《のう》人《にん》　聞《もん》其《ご》称《しょう》観《かん》
世《ぜ》音《おん》菩《ぼ》薩《さつ》名《みょう》者《しゃ》　是《ぜ》諸《しょ》悪《あっ》鬼《き》　尚《しょう》不《ふ》能《のう》以《い》悪《あく》眼《げん》視《じ》之《し》　況《きょう》復《ぶ》加《か》害《がい》　設《せつ》復《ぶ》有《う》人《にん》
若《にゃく》有《う》罪《ざい》　若《にゃく》無《む》罪《ざい》　杻《ちゅう》械《かい》枷《か》鎖《さ》　検《けん》繋《げ》其《ご》身《しん》　称《しょう》観《かん》世《ぜ》音《おん》菩《ぼ》薩《さつ》名《みょう》者《しゃ》　皆《かい》悉《しつ》断《だん》壊《ね》
即《そく》得《とく》解《げ》脱《だつ》　若《にゃく》三《さん》千《ぜん》大《だい》千《せん》国《こく》土《ど》　満《まん》中《ちゅう》怨《おん》賊《ぞく》　有《う》一《いち》商《しゅう》主《しゅ》　将《しょう》諸《しょ》商《しょう》人《にん》　齎《さい》持《じ》重《じゅう》

宝《ほう》経過険路《きょうかけんろ》　其中一人《ごちゅういちにん》　作是唱言《さぜしょうごん》　諸善男子《しょぜんなんし》　勿得恐怖《もっとくくふ》　汝等応当《にょとうおうとう》一心称観世音菩薩名号《いっしんしょうかんぜおんぼさつみょうごう》　是菩薩《ぜぼさつ》　能以無畏《のういむい》　施於衆生《せおしゅじょう》　汝等若称名者《にょとうにゃくしょうみょうしゃ》於此怨賊《おしおんぞく》　当得解脱《とうとくげだつ》　衆商人聞《しゅしょうにんもん》　倶発声言《ぐほっしょうごん》　南無観世音菩薩《なむかんぜおんぼさつ》　称其名《しょうごみょう》故《こ》　即得解脱《そくとくげだつ》　無尽意《むじんに》　観世音菩薩摩訶薩《かんぜおんぼさつまかさつ》　威神之力《いじんしりき》　巍巍如是《ぎぎにょぜ》　若《にゃく》有衆生《うしゅじょう》　多於婬欲《たおいんよく》　常念恭敬《じょうねんくぎょう》　観世音菩薩《かんぜおんぼさつ》　便得離欲《べんとくりよく》　若多瞋恚《にゃくたしんに》　常《じょう》念恭敬《ねんくぎょう》　観世音菩薩《かんぜおんぼさつ》　便得離瞋《べんとくりしん》　若多愚痴《にゃくたぐち》　常念恭敬《じょうねんくぎょう》　観世音菩薩《かんぜおんぼさつ》便得離痴《べんとくりち》　無尽意《むじんに》　観世音菩薩《かんぜおんぼさつ》　有如是等大威神力多所饒益《うにょぜとうだいいじんりきたしょにょうやく》　是故衆《ぜこしゅ》生《じょう》　常応心念《じょうおうしんねん》　若有女人《にゃくうにょにん》　設欲求男《せつよくぐなん》　礼拝供養観世音菩薩《らいはいくようかんぜおんぼさつ》　便生福徳《べんしょうふくとく》智慧之男《ちえしなん》　設欲求女《せつよくぐにょ》　便生端正有相之女《べんしょうたんじょううそうしにょ》　宿殖徳本《しゅくじきとくほん》　衆人愛敬《しゅうにんあいきょう》　無尽《むじん》意《に》　観世音菩薩《かんぜおんぼさつ》　有如是力《うにょぜりき》　若有衆生《にゃくうしゅじょう》　恭敬礼拝観世音菩薩《くぎょうらいはいかんぜおんぼさつ》　福不唐《ふくふとう》

捐《えん》　是故《ぜこ》衆生《しゅじょう》　皆応受持観世音菩薩名号《かいおうじゅじかんぜおんぼさつみょうごう》　無尽意《むじんに》　若有人《にゃくうにん》　受持六十《じゅじろくじゅう》
二億恒河沙菩薩名字《におくごうがしゃぼさつみょうじ》　復尽形《ぶじんぎょう》　供養《くよう》　飲食《おんじき》　衣服《えぶく》　臥具《がぐ》　医薬《いやく》　於汝《おにょ》
意云何《いうんが》　是善男子《ぜぜんなんし》　善女人《ぜんにょにん》　功徳多不《くどくたふ》　無尽意言《むじんにごん》　甚多《じんた》　世尊《せそん》　仏言《ぶつごん》
若復有人《にゃくぶうにん》　受持観世音菩薩名号《じゅじかんぜおんぼさつみょうごう》　乃至一時《ないしいちじ》　礼拝供養《らいはいくよう》　是二人福《ぜににんぶく》　正《しょう》
等無異《とうむい》　於百千万億劫《おひゃくせんまんのくこう》　不可窮尽《ふかぐうじん》　無尽意《むじんに》　受持観世音菩薩名号《じゅじかんぜおんぼさつみょうごう》　得《とく》
如是《にょぜ》　無量無辺《むりょうむへん》　福徳之利《ふくとくしり》　無尽意菩薩《むじんにぼさつ》　白仏言《びゃくぶつごん》　世尊《せそん》　観世音菩薩《かんぜおんぼさつ》
云何遊此娑婆世界《うんがゆうししゃばせかい》　云何而為衆生説法《うんがにいしゅじょうせっぽう》　方便之力《ほうべんしりき》　其事云何《ごじうんが》　仏告無《ぶつごうむ》
尽意菩薩《じんにぼさつ》　善男子《ぜんなんし》　若有国土衆生《にゃくうこくどしゅじょう》　応以仏身得度者《おういぶつしんとくどしゃ》　観世音菩薩《かんぜおんぼさつ》　即《そく》
現仏身而為説法《げんぶつしんにいせっぽう》　応以辟支仏身得度者《おういびゃくしぶつしんとくどしゃ》　即現辟支仏身而為説法《そくげんびゃくしぶつしんにいせっぽう》　応以《おうい》
声聞身得度者《しょうもんしんとくどしゃ》　即現声聞身而為説法《そくげんしょうもんしんにいせっぽう》　応以梵王身得度者《おういぼんのうしんとくどしゃ》　即現梵王身《そくげんぼんのうしん》

而《に》為《い》説《せっ》法《ぽう》　応《おう》以《い》帝《たい》釈《しゃく》身《しん》得《とく》度《ど》者《しゃ》　即《そく》現《げん》帝《たい》釈《しゃく》身《しん》而《に》為《い》説《せっ》法《ぽう》　応《おう》以《い》自《じ》在《ざい》天《てん》身《しん》得《とく》
度《ど》者《しゃ》　即《そく》現《げん》自《じ》在《ざい》天《てん》身《しん》而《に》為《い》説《せっ》法《ぽう》　応《おう》以《い》大《だい》自《じ》在《ざい》天《てん》身《しん》得《とく》度《ど》者《しゃ》　即《そく》現《げん》大《だい》自《じ》在《ざい》天《てん》
身《しん》而《に》為《い》説《せっ》法《ぽう》　応《おう》以《い》天《てん》大《だい》将《しょう》軍《ぐん》身《しん》得《とく》度《ど》者《しゃ》　即《そく》現《げん》天《てん》大《だい》将《しょう》軍《ぐん》身《しん》而《に》為《い》説《せっ》法《ぽう》　応《おう》以《い》
毘《び》沙《しゃ》門《もん》身《しん》得《とく》度《ど》者《しゃ》　即《そく》現《げん》毘《び》沙《しゃ》門《もん》身《しん》而《に》為《い》説《せっ》法《ぽう》　応《おう》以《い》小《しょう》王《おう》身《しん》得《とく》度《ど》者《しゃ》　即《そく》現《げん》小《しょう》
王《おう》身《しん》而《に》為《い》説《せっ》法《ぽう》　応《おう》以《い》長《ちょう》者《じゃ》身《しん》得《とく》度《ど》者《しゃ》　即《そく》現《げん》長《ちょう》者《じゃ》身《しん》而《に》為《い》説《せっ》法《ぽう》　応《おう》以《い》居《こ》士《じ》身《しん》
得《とく》度《ど》者《しゃ》　即《そく》現《げん》居《こ》士《じ》身《しん》而《に》為《い》説《せっ》法《ぽう》　応《おう》以《い》宰《さい》官《かん》身《しん》得《とく》度《ど》者《しゃ》　即《そく》現《げん》宰《さい》官《かん》身《しん》而《に》為《い》説《せっ》
法《ぽう》　応《おう》以《い》婆《ば》羅《ら》門《もん》身《しん》得《とく》度《ど》者《しゃ》　即《そく》現《げん》婆《ば》羅《ら》門《もん》身《しん》而《に》為《い》説《せっ》法《ぽう》　応《おう》以《い》比《び》丘《く》　比《び》丘《く》尼《に》
優《う》婆《ば》塞《そく》　優《う》婆《ば》夷《い》身《しん》得《とく》度《ど》者《しゃ》　即《そく》現《げん》比《び》丘《く》　比《び》丘《く》尼《に》　優《う》婆《ば》塞《そく》　優《う》婆《ば》夷《い》身《しん》而《に》為《い》
説《せっ》法《ぽう》　応《おう》以《い》長《ちょう》者《じゃ》　居《こ》士《じ》　宰《さい》官《かん》　婆《ば》羅《ら》門《もん》　婦《ぶ》女《にょ》身《しん》得《とく》度《ど》者《しゃ》　即《そく》現《げん》婦《ぶ》女《にょ》身《しん》而《に》
為《い》説《せっ》法《ぽう》　応《おう》以《い》童《どう》男《なん》　童《どう》女《にょ》身《しん》得《とく》度《ど》者《しゃ》　即《そく》現《げん》童《どう》男《なん》　童《どう》女《にょ》身《しん》而《に》為《い》説《せっ》法《ぽう》　応《おう》以《い》

天《てん》　龍《りゅう》　夜叉《やしゃ》　乾闥婆《けんだつば》　阿修羅《あしゅら》　迦楼羅《かるら》　緊那羅《きんなら》　摩睺羅伽《まごらか》　人非人《にんぴにん》
等身得度者《とうしんとくどしゃ》　即皆現之而為説法《そくかいげんしにいせっぽう》　応以執金剛神得度者《おういしゅうこんごうじんとくどしゃ》　即現執金剛神《そくげんしゅうこんごうじん》
而為説法《にいせっぽう》　無尽意《むじんに》　是観世音菩薩《ぜかんぜおんぼさつ》　成就如是功徳《じょうじゅにょぜくどく》　以種種形《いしゅじゅぎょう》　遊諸国《ゆうしょこく》
土《ど》　度脱衆生《どだつしゅじょう》　是故汝等《ぜこにょとう》　応当一心《おうとういっしん》　供養観世音菩薩《くようかんぜおんぼさつ》　是観世音菩薩《ぜかんぜおんぼさつ》
摩訶薩《まかさつ》　於怖畏急難之中《おふいきゅうなんしちゅう》　能施無畏《のうせむい》　是故此娑婆世界《ぜこししゃばせかい》　皆号之《かいごうし》　為施《いせ》
無畏者《むいしゃ》　無尽意菩薩《むじんにぼさつ》　白仏言《びゃくぶつごん》　世尊《せそん》　我今当供養観世音菩薩《がこんとうくようかんぜおんぼさつ》　即解頸《そくげきゅう》
衆《しゅ》　宝珠《ほうじゅ》　瓔珞《ようらく》　價直《げじき》　百千両金《ひゃくせんりょうごん》　而以与之《にいよし》　作是言《さぜごん》　仁者《にんじゃ》　受此法《じゅしほっ》
施珍宝瓔珞《せちんぼうようらく》　時観世音菩薩《じかんぜおんぼさつ》　不肯受之《ふこうじゅし》　無尽意《むじんに》　復白観世音菩薩言《ぶびゃくかんぜおんぼさつごん》
仁者《にんじゃ》　愍我等故《みんがとうこ》　受此瓔珞《じゅしようらく》　爾時《にじ》　仏告観世音菩薩《ぶつごうかんぜおんぼさつ》　当愍此無尽意菩《とうみんしむじんにぼ》
薩《さつ》　及四衆《ぎゅうししゅ》　天龍《てんりゅう》　夜叉《やしゃ》　乾闥婆《けんだつば》　阿修羅《あしゅら》　迦楼羅《かるら》　緊那羅《きんなら》　摩睺羅《まごら》

伽《が》　人非人等故《にんぴにんとうこ》　受是瓔珞《じゅぜようらく》　即時観世音菩薩《そくじかんぜおんぼさつ》　愍諸四衆《みんしょししゅ》　及於天龍《ぎゅうおてんりゅう》
人非人等《にんぴにんとう》　受其瓔珞《じゅごようらく》　分作二分《ぶんさにぶん》　一分奉釈迦牟尼仏《いちぶんぶしゃかむにぶつ》　一分奉多宝仏塔《いちぶんぶたほうぶっとう》
無尽意観世音菩薩《むじんにかんぜおんぼさつ》　有如是自在神力《うにょぜじざいじんりき》　遊於娑婆世界《ゆうおしゃばせかい》　爾時無尽意菩薩《にじむじんにぼさつ》
以偈問曰《いげもんわつ》

世尊妙相具《せそんみょうそうぐ》　我今重問彼《がこんじゅうもんぴ》　仏子何因縁《ぶつしがいんねん》　名為観世音《みょういかんぜおん》
具足妙相尊《ぐそくみょうそうそん》　偈答無尽意《げとうむじんに》　汝聴観音行《にょちょうかんのんぎょう》　善応諸方所《ぜんのうしょほうしょ》
弘誓深如海《ぐぜいじんにょかい》　歴劫不思議《りゃくこうふしぎ》　侍多千億仏《じたせんのくぶつ》　発大清浄願《ほつだいしょうじょうがん》
我為如略説《がいにょりゃくせつ》　聞名及見身《もんみょうぎゅうけんしん》　心念不空過《しんねんふくうか》　能滅諸有苦《のうめつしょうく》
仮使興害意《けしこうがいい》　推落大火坑《すいらくだいかきょう》　念彼観音力《ねんぴかんのんりき》　火坑変成池《かきょうへんじょうち》

或漂流巨海《わくひょうるこかい》　龍魚諸鬼難《りゅうぎょしょきなん》　念彼観音力《ねんぴかんのんりき》　波浪不能没《はろうふのうもつ》

或在須弥峯《わくざいしゅみぶ》　為人所推堕《いにんしょすいだ》　念彼観音力《ねんぴかんのんりき》　如日虚空住《にょにちこくうじゅう》

或被悪人逐《わくひあくにんちく》　堕落金剛山《だらくこんごうせん》　念彼観音力《ねんぴかんのんりき》　不能損一毛《ふのうそんいちもう》

或値怨賊遶《わくちおんぞくにょう》　各執刀加害《かくしゅうとうかがい》　念彼観音力《ねんぴかんのんりき》　咸即起慈心《げんそくきじしん》

或遭王難苦《わくそうおうなんぐ》　臨刑欲寿終《りんぎょうよくじゅしゅう》　念彼観音力《ねんぴかんのんりき》　刀尋段段壊《とうじんだんだんね》

或囚禁枷鎖《わくしゅうきんかさ》　手足被杻械《しゅそくひちゅうかい》　念彼観音力《ねんぴかんのんりき》　釈然得解脱《しゃくねんとくげだつ》

呪詛諸毒薬《しゅそしょどくやく》　所欲害身者《しょよくがいしんしゃ》　念彼観音力《ねんぴかんのんりき》　還著於本人《げんじゃくおほんにん》

或遇悪羅刹《わくぐうあくらせつ》　毒龍諸鬼等《どくりゅうしょきとう》　念彼観音力《ねんぴかんのんりき》　時悉不敢害《じしっぷかんがい》

若悪獣囲遶《にゃくあくじゅういにょう》　利牙爪可怖《りげそうかふ》　念彼観音力《ねんぴかんのんりき》　疾走無辺方《しっそうむへんぽう》

蚖蛇及蝮蠍《がんじゃぎゅうぶっかつ》　気毒煙火燃《けどくえんかねん》　念彼観音力《ねんぴかんのんりき》　尋声自廻去《じんしょうじえこ》

雲《うん》雷《らい》鼓《く》掣《せい》電《でん》　降《ごう》雹《ばく》澍《じゅ》大《だい》雨《う》　念《ねん》彼《ぴ》観《かん》音《のん》力《りき》　応《おう》時《じ》得《とく》消《しょう》散《さん》

衆《しゅ》生《じょう》被《ひ》困《こん》厄《やく》　無《む》量《りょう》苦《く》逼《ひっ》身《しん》　観《かん》音《のん》妙《みょう》智《ち》力《りき》　能《のう》救《ぐ》世《せ》間《けん》苦《く》

具《ぐ》足《そく》神《じん》通《ずう》力《りき》　広《こう》修《しゅう》智《ち》方《ほう》便《べん》　十《じっ》方《ぽう》諸《しょ》国《こく》土《ど》　無《む》刹《せつ》不《ふ》現《げん》身《しん》

種《しゅ》種《じゅ》諸《しょ》悪《あく》趣《しゅ》　地《じ》獄《ごく》鬼《き》畜《ちく》生《しょう》　生《しょう》老《ろう》病《びょう》死《し》苦《く》　以《い》漸《ぜん》悉《しつ》令《りょう》滅《めつ》

真《しん》観《かん》清《しょう》浄《じょう》観《かん》　広《こう》大《だい》智《ち》慧《え》観《かん》　悲《ひ》観《かん》及《ぎゅう》慈《じ》観《かん》　常《じょう》願《がん》常《じょう》瞻《せん》仰《ごう》

無《む》垢《く》清《しょう》浄《じょう》光《こう》　慧《え》日《にち》破《は》諸《しょ》闇《あん》　能《のう》伏《ぶく》災《さい》風《ふう》火《か》　普《ふ》明《みょう》照《しょう》世《せ》間《けん》

悲《ひ》体《たい》戒《かい》雷《らい》震《しん》　慈《じ》意《い》妙《みょう》大《だい》雲《うん》　澍《じゅ》甘《かん》露《ろ》法《ほう》雨《う》　滅《めつ》除《じょ》煩《ぼん》悩《のう》燄《えん》

諍《じょう》訟《しょう》経《きょう》官《かん》処《しょ》　怖《ふ》畏《い》軍《ぐん》陣《じん》中《ちゅう》　念《ねん》彼《ぴ》観《かん》音《のん》力《りき》　衆《しゅ》怨《おん》悉《しつ》退《たい》散《さん》

妙《みょう》音《おん》観《かん》世《ぜ》音《おん》　梵《ぼん》音《のん》海《かい》潮《ちょう》音《おん》　勝《しょう》彼《ひ》世《せ》間《けん》音《のん》　是《ぜ》故《こ》須《しゅ》常《じょう》念《ねん》

念《ねん》念《ねん》勿《もつ》生《しょう》疑《ぎ》　観《かん》世《ぜ》音《おん》浄《じょう》聖《しょう》　於《お》苦《く》悩《のう》死《し》厄《やく》　能《のう》為《い》作《さ》依《え》怙《こ》

具《ぐ》一切功徳《いっさいくどく》　慈眼視衆生《じげんじしゅじょう》　福聚海無量《ふくじゅかいむりょう》　是故応頂礼《ぜこおうちょうらい》

爾時《にじ》　持地菩薩《じじぼさつ》　即従座起《そくじゅうざき》　前白仏言《ぜんびゃくぶつごん》　世尊《せそん》　若有衆生《にゃくうしゅじょう》　聞是観世音《もんぜかんぜおん》

菩薩品《ぼさつほん》　自在之業《じざいしごう》　普門示現《ふもんじげん》　神通力者《じんずうりきしゃ》　当知是人《とうちぜにん》　功徳不少《くどくふしょう》　仏説《ぶっせつ》

是普門品時《ぜふもんぼんじ》　衆中《しゅじゅう》　八万四千衆生《はちまんしせんしゅじょう》　皆発無等等《かいほつむとうどう》　阿耨多羅三藐三菩提《あのくたらさんみゃくさんぼだい》

心《しん》

経題

● 妙法蓮華経《みょうほうれんげきょう》巻《まき》第八《だいはち》

妙法蓮華経《みょうほうれんげきょう》観世音《かんぜおん》菩薩《ぼさつ》普門品《ふもんぼん》第二十五《だいにじゅうご》

『妙法蓮華経巻第八』を経題、または経名といいます。この『妙法蓮華経』は二十八品（章）から成り、その第二十五番目が「妙法蓮華経観世音菩薩普門品第二十五」です。

字義

妙　法＝変わることのない正しい教え。

蓮華経＝清くうるわしい経の意。蓮華は仏を表わす。

巻　　＝仏教読みは呉音で「けん」が正しい読み方。「かん」は漢音、儒教読み。

『法華経』全体をすべて読まなくても、お経の題名（経題）を唱えるだけでも功徳は計り知れないとするのを唱題といいます。もっと広く考えて陀羅尼《だらに》（ダーラニー＝保持。諸功徳を具足する経文や名号）や偈《げ》（ガーター＝仏を讃嘆する詩句）を口で唱えるという唱題の思想は極めて重要で、近代人が宗教から遠ざかった理由の一つに、口で唱える（口誦）機会が少なくなり、目で見る（読む）方に座を譲ってしまったことが挙げられます。仏教の修行では口で唱え耳で聞くことを尊びます。

仏教では「時《じ》・処《しょ》・機《き》の三時」ということをいいますが、これに対して西洋の哲学者カントやヘーゲルなどは、「人間を定義するのは時と処のみである」としています。「機」とは時の流れの中からつかむ瞬間、チャンスのことであり、時間と空間の中にあってチャンスをつかみ、善い方にも悪い方にも行けるのが人間ですから、機は人間をさします。この時・処・機（人間）の三時がどうあろうとも、決して変わることのない法（真実）を妙法といいます。

釈尊の入滅後、仏の教えが世に広まり信仰される程度によって、正法《しょうぼう》・像法《ぞうほう》・末法《まっぽう》の三期に分けられます。末法以外は年代に諸説がありますが、正法とは仏滅後五百年、教・行（実践）・証（さとり）が正しく行われて、釈尊の余薫がまだ残っている時代です。大乗仏教の時代になってくると、釈尊の正しい教えに似た教えが行われる像法（像＝かたどる）

バク

釈迦如来種子

釈迦如来
（奈良・東大寺）

の時代となり、正法の後の千年間、教・行のみが行われます。像法の後の一万年が末法の世で、釈尊の教えは残っていても、実践する人もさとりを得る人もいなくなる時代です。釈尊滅後の計算にもよりますが、わが国では平安時代の末（十二世紀末）に末法の世に入ったことになり、「人皇百代説」（中国「礼記」の説。人間の皇帝百代でこの世は終わる）を信じた人びとは、不安と恐れから仏にすがる気持ちが強くなりました。

「観音経」のサンスクリット語名は、サマンタ・ムカ（samanta-mukha＝普門）・パリヴァルトー（parivarto＝示現）・ナーマ（nāma＝……と名づける。接続詞）・アヴァローキテーシュヴァラ（avalokiteśvara＝観自在）・ヴィクルヴァナ（vikurvaṇa＝神変）・ニルデーシャ（nirdeśa＝品〈章〉）で、「普《あまね》く示現した観自在（菩薩の章）と名づける普門品」といい、本文はこれから私たちが読んでいく長行（散文）と偈（韻文）から成っています。

訳者

後秦《こうしん》亀茲《きじ》国《こく》三蔵《さんぞう》法師《ほっし》鳩摩羅什《くまらじゅう》奉《ほう》詔訳《しょうやく》

読み　後秦の亀茲国の三蔵法師鳩摩羅什が詔《みことのり》を奉じて訳す

字義

後　秦＝三八四－四一七。五胡十六国の一つで、長安を都とする。国名であるとともに時代をさす。訳年は四〇六年。

亀茲国＝西域三十六国の一つ。現在の中国新疆ウイグル自治区庫車（クチャ）地方。中国とインドの両文化圏の接点に位置し、仏教文化が栄え、これを中国に伝えた。西域とは時代により多少範囲が異なるが、玉門関以西の地をいう。

三蔵法師＝経蔵（経典類）・律蔵（戒律類）・論蔵（論書類）の三蔵に精通した法師のこと。

鳩摩羅什＝三四四－四一三。クマーラジーヴァ（Kumārajīva）の音写。略して羅什。父はバラモン（インドの四姓の最高位の種族）出身の僧で、亀茲国王に重用され国師となる。母は国王の妹。幼時に出家してインドに留学、仏教を研修し究める。他国語も理解し漢語も自由に使えた。四〇一年に後秦の王の招請により長安に迎えられ、経論三百余巻を翻訳した。中国訳経《やっきょう》（経典類の翻訳）史上最も偉大な翻訳僧の一人で、四大訳家《やっけ》（鳩摩羅什・真諦《しんだい》〈四九九－五六九〉・玄奘〈六〇二－六六四〉・不空〈七〇五－七七四〉）の一人に数えられる。

解説

中国の後秦の時代に、中央アジアの亀茲国から長安の都に迎えられた鳩摩羅什は、王の請により『法華経』を翻訳して奉りました。

鳩摩羅什の翻訳した経論は、内容の卓抜さと文体の簡潔流暢さによって後世まで重く用いられています。とくに『法華経』は仏教思想史上、仏教文学史上不朽の名をとどめている経典です。有名なため六回にわたって翻訳され、そのうち三訳が残っていますが、単に『法華経』といった時はこの鳩摩羅什訳をさしています。

第一部でも少々触れましたが、訳経には旧訳《くやく》と新訳とがあり、唐の玄奘（七世紀）より前の、鳩摩羅什・真諦《しんだい》などの訳を旧訳、以後の玄奘・不空などの訳を新訳と大きく二つに分けています。

観音菩薩の名前についても、旧訳と新訳では違っており、サンスクリット語のアヴァローキテーシュヴァラ（Avalokiteśvara）を旧訳では観世音（観音＝世の中の音を聞く）、新訳では観自在（アヴァローキタ＝観る、イーシュヴァラ＝自在。世の中を見ることが自在）と訳しています。ただ、これは原語の違いから生じたものであろうといわれています。というのは、中央アジアで発見された古写本の断簡には、アヴァローキタ・スヴァラ（Avalokita-svara）という名前が出ていますが、スヴァラは音や声を意味するため、これが「観世音」の元であろうと推測されているからです。観自在菩薩は玄奘訳の『般若心経』では、教主（教えを説く人）として登場していますので、読者諸氏もよくご存知だと思います。

『般若心経』種子

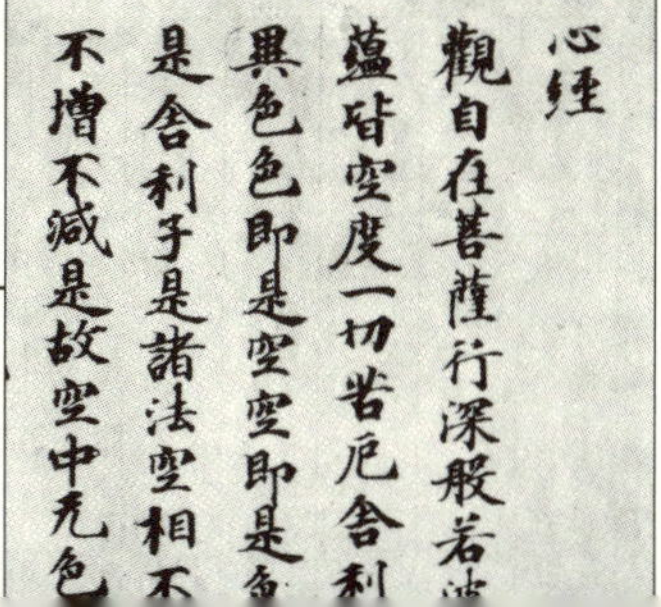
心経
觀自在菩薩行深般若
蘊皆空度一切苦厄舎利
異色色即是空空即是
是舎利子是諸法空相不
不増不減是故空中无色

般若心経（隅寺心経）

訳者

長行《じょうごう》の部

爾時《にじ》　無尽意菩薩《むじんにぼさつ》　即従座起《そくじゅうざき》　偏袒右肩《へんだんうけん》　合掌向仏《がっしょうこうぶつ》　而作是言《にさぜごん》

読み　その時に　無尽意菩薩　即ち座よりたちて　偏《ひとえ》に右の肩を袒《はだぬ》ぎ　合掌し仏に向きたてまつりて　是の言葉をなさく

現代訳　その時、無尽意菩薩はすぐに座より立ち上がって、衣の右肩を脱いで、仏に向かい合掌してこの言葉を言いました。

字義　爾　時＝その時に。いつと限定しているのではなく、いつでもの意。一切時。さて、というような副詞。

無尽意菩薩＝東方不眴《げん》国（目を見張り瞬《まばた》きしない人の住む国）におり、仏の位に昇れば普賢仏《ふげんぶつ》となる菩薩。この菩薩に対して世尊（釈尊）が教えを説く。

即＝時間的な意で、すぐさま。即刻。

偏袒右肩＝古代インドの礼法の一つで、僧が尊者に対するとき衣から右肩を露出する

偏袒右肩（スリランカ仏歯寺僧）

着方。

解説

「爾時（その時）」は仏教漢文に独得とはいえないまでも、好んで用いられる言葉です。特定された時ではなく、不定の時を意味する「その」という意志代名詞です。英語やドイツ語に遠称指示代名詞・近称指示代名詞がありますが、「爾時」はその中間の「its」あるいは「the」に当たりますから中間称代名詞です。「いつ」ということでなく、遠い過去でもなく近い昨日今日でもない、要するに「いつでもよい」という意志代名詞なのです。何ら指示がなされていないので不定称指示代名詞で、サンスクリット語のタット（tat）を漢訳する時に中間称の「それ（爾）」を当てて、「爾時（そのとき）」としたのです。

「時」はサンスクリット語のエーカースミン（ekāsmin）を訳したもので、時間の意味よりも「一方では」・「かたがた」（お礼かたがたというような使い方）の意味があり、また、「ひとしく」・「およそ」の意味もあります。

ところで、経典にはお経としての形式を整える六つの約束事（六成就、または六事成就）があります。場合によっては、四つあるいは五つの時もありますが、ここではこの六成就について説明いたしましょう。

お経は、「如是《にょぜ》我聞《がもん》一時《いちじ》（爾時）」で始まりますが、この「如是」にあたるのが信成就です。「このように私は聞きました」の「このように」の部分で、自分の信を示し、順《したが》うぞ、

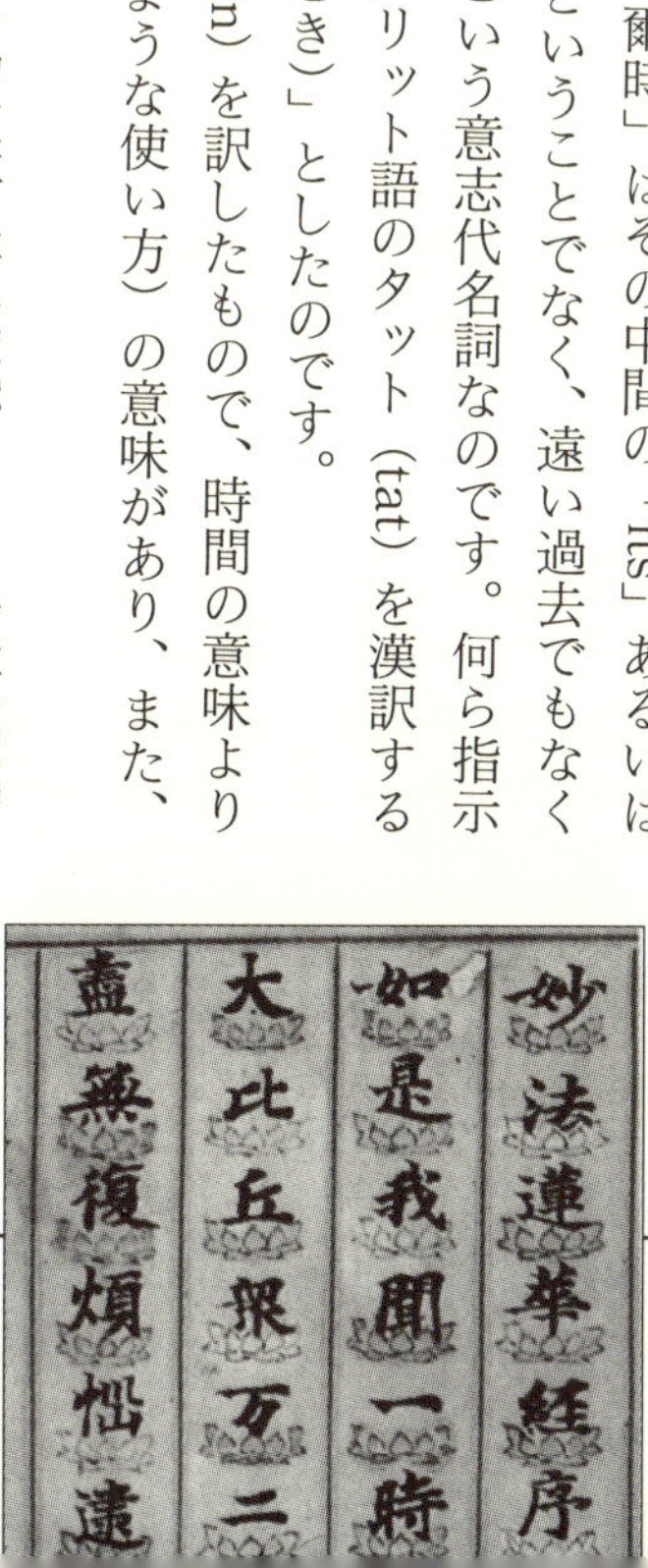

如是我聞

という心をあらわしています。

次の「我聞」が聞成就です。これは「このように」「聞いた私」が誰か、ということで、お釈迦さまの身の周りのお世話をなさっていた阿難尊者（Ānanda）をさします。

三番目が時成就で、「爾時」「一時」の部分です。この一時は特定された時ではなく「いつでも」の意です。

四番目は主成就。説法する釈尊をいい、お経では「仏」という一字で表わされます。

五番目の処成就は、説法の場を霊鷲山《りょうじゅせん》や鹿野苑《ろくやおん》などに設けていますが、どこでなければいけないということはなく、たとえば有名な『般若心経』においてもどこで説かれたかは示されていません。場所はどこでもよいのです。というより、どこででも説法できなければいけないので、この処成就はよく省略されます。つまり「どこでも」ということです。

六番目が衆成就。会座《えざ》に集まった人びと、釈尊のお話をうかがう対告衆《たいごうしゅ》（対＝向かい合う、告＝つげる）をいいます。これは「誰でも」ということです。

この六成就の「いつでも・どこでも・誰でも」は世界宗教成立の条件だと思います。

さて、観音菩薩について釈尊に質問する無尽意菩薩について説明いたします。無尽意とは、言葉では言い尽くせないという意味ですから、言葉と行為が一致するという言行一致をあらわしています。ひとの心を察してすぐに実行して下さるのが無尽意菩薩であり、観音菩薩の心を神格化して分かりやすくあらわして別の仏とした姿だといえます。

このように釈尊に面と向かって教えを受ける聞き手を、先ほどの六成就でも述べたように対告衆といいます。それに対して教えを説く人を教主といい、お経には必ず教主と対告衆がいます。教主のほとんどは釈尊ですが、前述したように『般若心経』の教主は観音菩薩（観自在菩薩）になっています。しかし、広文（長い文）の『般若経』では釈尊が説いて、観音菩薩に「皆に説明するように」という前置きがついているように、教主である釈尊は影に隠れて観音菩薩が説く形になっています。

●世尊《せそん》　観世音菩薩《かんぜおんぼさつ》　以何因縁《いがいんねん》　名観世音《みょうかんぜおん》

読み	「世尊よ、観世音菩薩は　何の因縁を以て　観世音と名づくるや」
現代訳	「世にも尊い人（仏）よ、観世音菩薩はどのような因縁の法をもって、観世音というのでしょうか」
字義	世尊＝仏の十号（十種の称号）の一つで、世の中に恵みをもたらし、尊ばれる人の意。仏一般をさすが、普通には釈尊のことをいう。 因縁＝因…結果を生じる直接の原因。縁…因をたすけて結果を生じさせる助縁、間

―　接原因のことで条件。原因と条件。

解説

ここでは、観世音と名付ける因縁を問うていますが、釈尊ならすべての仏を説明できるという立場をとっています。これは大乗仏教の立場で、釈尊の実在性は薄らいだ代わりに統一性や諸仏の中心性が強く打ち出されています。釈尊の位置は諸仏の中の仏、中心の仏ということです。

「世尊よ、観世音菩薩は」は釈尊に呼びかけ、菩薩について伺うのですから「仏」で、「何の因縁をもって」は観音菩薩として成り立たせている法を問うているので「法」、そして「観世音と名づくるや」という一文で、問いかけ答えを聞く、という信仰の態度をあらわします。それが世間一般の人、すなわち出家だけではなく、観音菩薩を礼拝し祀る信者をも広く含んでいるので、「僧」を意味します。

ここは「観音経」における三宝（仏・法・僧）が出そろった大切なところです。

●

仏告無尽意菩薩《ぶつごうむじんにぼさつ》　善男子《ぜんなんし》　若有無量百千万億衆生《にゃくうむりょうひゃくせんまんのくしゅじょう》　受諸苦悩《じゅしょくのう》　聞是観《もんぜかん》
世音菩薩《ぜおんぼさつ》　一心称名《いっしんしょうみょう》　観世音菩薩《かんぜおんぼさつ》　即時観其音声《そくじかんごおんじょう》　皆得解脱《かいとくげだつ》

読み

仏、無尽意菩薩に告げたまわく。「善男子よ、若《も》し無量百千万億の衆生ありて諸《もろもろ》の苦悩を受けんに　この観世音菩薩を聞きて　一心に名《みな》を称《とな》うれば　観世音菩薩は、即時《ただち》にその音声を観じて　皆解脱《まぬが》るることを得せしめん

現代訳

仏が無尽意菩薩に告げて言われるには、「仏を信じるものよ、ここに百千万億をいくつも合わせたくらい数えきれないほど多くの衆生がいるとして、諸々の苦悩を受けたなら、この観世音菩薩のお名前を心にとどめてひたすら名前を称えなさい。そうすれば、ただちに観世音菩薩はその音声を聞いて下さり、皆その苦しみから解き放して下さるでしょう。

字義

善男子＝仏道に正しい信仰を持つ在家の男性の信者。仏法を信じる人。

衆　生＝sattvaの訳。有情《うじょう》。感情や意識を有するものの意で、生命あるものの総称。とくに衆人（多くの人びと）をいう。

即　時＝ただちに。必ず。即…時間的に瞬時をあらわす「ただちに」と、効果が約束されている「必ず」の二つの意味がある。

解　脱＝煩悩の束縛を解き、この世の苦悩から脱すること。解脱の境地を涅槃《ねはん》（究極の安らぎ）と呼び、仏教の最も重要な目標である。

解　説

ここでの「若」は仮定ととらず、「こういうことがあるかも知れないよ」と、説法にありがちな戒告を人びとに与える言葉と理解するとよく分かります。

わが国では、「名《みな》」に「御」を添えて「御名《みな》」と読んできた慣例がありますが、この言葉は本来、動詞に用いて「のりこなす」の意味ですから、中国語では「御」を敬語としては使いません。しかし日本では、敬意を表現するには接頭語・接尾語・接続詞などを添加しますので、日本語自身の持っている力を借りて、「名（みな）」と読んできたのです。

「音声を観じて」の「観じて」は、「聞く」という言葉の代わりにあてられていますが、ただ聞くのではなく、聞いた途端にその姿まで目に浮かぶという意味で、「五感の一致である」と木村泰賢先生は説明しています。感じるのも見るのも聞くのも五根（眼・耳・鼻・舌・身の五つの感覚器官）が一致しているから、見た途端に聞く、気がついた途端に見るということです。これを「音声を観じて」といいます。

若有持是観世音菩薩名者《にゃくうじぜかんぜおんぼさつみょうしゃ》　設入大火《せつにゅうだいか》　火不能焼《かふのうしょう》　由是菩薩《ゆぜぼさつ》　威神力故《いじんりきこ》
若為大水所漂《にゃくいだいすいしょひょう》　称其名号《しょうごみょうごう》　即得浅処《そくとくせんしょ》　若有百千万億衆生《にゃくうひゃくせんまんのくしゅじょう》　為求金《いぐこん》・銀《ごん》・
瑠璃《るり》・硨磲《しゃこ》・碼碯《めのう》・珊瑚《さんご》・琥珀《こはく》・真珠等宝《しんじゅとうほう》　入於大海《にゅうおだいかい》　仮使黒風《けしこくふう》　吹《すい》
其船舫《ごせんぼう》　飄堕羅刹鬼国《ひょうだらせっきこく》　其中若有《ごちゅうにゃくう》　乃至一人称観世音菩薩名者《ないしいちにんしょうかんぜおんぼさつみょうしゃ》　是諸《ぜしょ》
人等《にんとう》　皆得解脱《かいとくげだつ》　羅刹之難《らせっしなん》　以是因縁《いぜいんねん》　名観世音《みょうかんぜおん》

読み

若《も》しこの観世音菩薩の名《みな》を持《たも》つものあらば　たとえ大火に入るとも　火も焼くこと能《あた》わじ　この菩薩の威神力に由るが故に　若し大水のために漂わされんに　その名号を称うれば　すなわち浅き処を得ん　若し百千万億の衆生ありて　金・銀・瑠璃・硨磲・碼碯・珊瑚・琥珀・真珠等の宝を求めんがために　大海に入らんに　仮使《たとえ》、黒風その船舫《ふね》を吹きて　羅刹鬼の国に飄《ただよ》わし堕としめんに　その中にもし乃至一人ありて観世音菩薩の名《みな》を称《とな》うれば　この諸《もろもろ》の人等は皆、羅刹の難を解脱《まぬが》るることを得ん　この因縁を以て観世音と名づくるなり

現代訳

仮にこの観世音菩薩のお名前を称え心に信じ奉る人であったなら、たとえ燃え盛っている火の中に入ったとしても、この菩薩の持つ不思議な力のお陰で火も焼くことはできないのです。仮に大洪水の中に漂うことになったとしても、観世音菩薩のお名前を称えたならば、ただちに浅いところに着くことができるのです。もしここに数限りない人びとが、金・銀・瑠璃・硨磲・碼碯・珊瑚・琥珀・真珠などの宝を求めるために大海に船出して、にわかに大暴風に襲われて食人鬼の国に漂着したとしても、その船に乗っていた人の中でもし一人でも観世音菩薩のお名前を称える人がいたら、他の人びとも皆、食人鬼の危害から逃れることができるのです。このような理由によって、世の中の苦難をよく見て人びとを救って下さるから観世音菩薩と名付けるのです。

字義

持《たも》つ＝身・心で保つ、守る、奉る。口で称える、形（お札・お守りの功徳）でたもつ。形があってもなくてもよい、心に観世音を奉ること。

威神力＝言葉で説明できない不可思議な力。威徳不思議な自在力。

名　号＝観世音菩薩の名前。

瑠　璃＝vaidūryaの音写、吠瑠璃の略。青色の宝石ラピスラズリ。またはガラスの古名。

硨　磲＝シャコ貝科の二枚貝。熱帯の珊瑚礁に住む扇形の大型貝（70〜130センチ）で、内面は白く輝き種々の装身具などが作られる。

瑪瑙＝石英の一種。つやがあり、赤褐色・白色などの縞文様をもつ。

珊瑚＝サンゴ虫の群体の中軸骨格。白・赤・桃色などがあり加工して装飾品などにする。

琥珀＝地質時代の樹脂などが地中で石化したもの。黄褐色で脂肪光沢が強く、透明または半透明。

真珠＝アコヤ貝・シロチョウ貝などの貝殻の体内に形成される球状の塊。光沢があり装身具などに加工する。金・銀・瑠璃・玻璃（頗梨）・硨磲・珊瑚・瑪瑙または、金・銀・瑠璃・珊瑚・琥珀・硨磲・瑪瑙を七宝（七種の宝物）というが、真珠が他のもの（硨磲など）に入れ替わって七宝に入る場合もある。

黒風＝荒い風・暴風。砂塵を捲きあげて日光を覆う旋風。仏説には、黒風・赤風・青風・天風・地風・火風の六風があり、黒風は人を畏怖させるほどきわめて激しい風のこと。

船舫＝船。舫…舟を並べる・もやい舟。筏。舟と舟を並べ繋いだもので舟足が速いという。

羅刹＝rakṣa, rākṣasaの音写。食人鬼、悪鬼の通称。のち仏法の守護神となる。

飄堕＝ひるがえって落ちること。ただよい着く（漂着）。飄…つむじ風・旋風。

観音菩薩の力が及ぶと、どのような悪人もことごとく優しい慈悲の心を起こして悪い人は一人もいなくなる、と観音菩薩の十三のご利益が書かれています。これを「ご利益のオンパレードだ、つまらぬ経だ」と非難する人がいますが、利益（アルタ artha）をいわないお経はむしろ少なく、とくに利益中心に書かれている経（讃歌 ストートラ stotra）は普通の経典（スートラ sūtra）よりもっと一般的であり、人びとが供養し唱えているのはストートラだといえます。このストートラの代表が「観音経」で、観音さまはありがたいという観音菩薩を讃える言葉を抜きにしては、「観音経」の内容は無きに等しいといえます。お経は本来、仏を讃えるものですからこれでよいのです。

火難・水難などの災難から逃れることができるのは、すべて仏の威神力（不可思議力）によるとされているわけですが、「空《くう》」を説く『般若心経』と並んでよく知られる「観音経」でも、観音妙智力とか観音力というように、空が力になるのです。いうまでもなく宗教の本質は観念ではなく信仰ですから、たとえば成田山ならお不動さま、浅草なら観音さま、高野ならお大師さまというように、われわれの信仰の中心にはほとけの力が存在します。

いま少し考えてみると、この世で何が恐ろしいか、人間が最も苦しんでいるのは何かというと、キリスト教的な言い方をすれば、神が自分に似せて造ったという人間が人間を陥れることであり、諸悪の根源は人に対する悪意です。この悪意がなくなると観音菩薩のような優しい顔になりますが、悪意をなくすためには、悪意を持っている人に悪意を捨てるように強く戒める勇気が必要になります。そのためには悪を正す力、悪に対する怒りを持つことが要求され、しかもそれが自分のための怒りではなく、弱い者、虐げられた者を守る勇気の怒りでなくてはなりません。ゆえに、これを大忿怒《ふんぬ》といいます。この忿怒相の観音菩薩の代表が馬頭観音です。

観音菩薩は三十三の化身を持つといわれますが、その化身を丸暗記しても意味はありません。観音菩薩はどのような時にでもその場に応じた姿でわれわれを救って下さるのです。それを方便力といい、智慧をそなえたまま自由自在に変化しますので、これを般若即方便・智慧即慈悲といいます。ですから、地獄にも仏がいます。普通、仏のいないところを地獄というわけですから、他の宗教の人びとは、「地獄で仏」はおかしい、理屈に合わない、と思うかも知れませんが、そこが仏教の独特なところでもあり、「観音経」のエッセンスでもあるのです。たとえ地獄に堕ちたとしても希望を持つことができるということです。

人間に害をなすものを羅刹、または羅刹那・羅刹鬼といいますが、とくに仏教では魔の字をつけて「魔羅」(māraの音写)ともいいます。これは人びとの修行を妨げる食人鬼ですが、仏教に取り入れられて毘沙門天の弟子になりました。この毘沙門天は夜叉・羅刹を率いて北方を守護する神です。ということは、羅刹は釈尊の弟子の弟子になるので、仏教徒は恐れることはなく、正しい信仰を持っていれば彼らすら守ってくれるわけです。

毘沙門天
(奈良・唐招提寺)

●

若《にゃく》復《ぶ》有《う》人《にん》　臨《りん》当《とう》被《ひ》害《がい》　称《しょう》観《かん》世《ぜ》音《おん》菩《ぼ》薩《さつ》名《みょう》者《しゃ》　彼《ひ》所《しょ》執《しゅう》刀《とう》杖《じょう》　尋《じん》段《だん》段《だん》壊《ね》　而《に》
得《とく》解《げ》脱《だつ》　若《にゃく》三《さん》千《ぜん》大《だい》千《せん》国《こく》土《ど》　満《まん》中《ちゅう》夜《や》叉《しゃ》羅《ら》刹《せつ》　欲《よく》来《らい》悩《のう》人《にん》　聞《もん》其《ご》称《しょう》観《かん》世《ぜ》音《おん》菩《ぼ》
薩《さつ》名《みょう》者《しゃ》　是《ぜ》諸《しょ》悪《あっ》鬼《き》　尚《しょう》不《ふ》能《のう》以《い》悪《あく》眼《げん》視《じ》之《し》　況《きょう》復《ぶ》加《か》害《がい》

読み

若《も》し復《また》人ありて　まさに害せられるべきに臨みて　観世音菩薩の名《みな》を称うれば　かの執れる所の刀杖は　尋《つ》いで段々に壊《お》れて　解脱《まぬが》るることを得ん　若し三千大千国土に　中に満てらん夜叉・羅刹　来りて人を悩まさんと欲せんに　その観世音菩薩の名《みな》を称うるを聞かば　この諸《もろもろ》の悪鬼は　なお悪眼をもって之を視《み》ること能わず　況《いわ》んや復《また》害を加えんをや

現代訳

あるいは今、害を加えられようとしている人が、観世音菩薩のお名前を称えたならば、相手（敵）の刀や槍はあい次いで折れて、その苦しみから逃れることができるでしょう。仮に数多くの国々に満ちている鬼が集まって、人びとを悩まし苦しめようとしている時に、誰かが観世音菩薩のお名前を称えるのを聞いたならば、これら多くの鬼たちは悪意に満ちた恐ろしい眼で人びとを見ることはできないでしょう。まして、そのうえ害を加えることができるでしょうか、いえ、害することなどできないのです。

字義

若　復＝あるいは。仮定の意はほとんどなく接続詞として用いられている。若…かりに。復…今までと違うことをあらわす。

尋いで＝あいついで、順々に。接続詞ではなく、様子をあらわしている。

刀　杖＝刀と槍。杖…細長い刃を先につけた杖。

三千大千国土＝三千大千世界。須弥山《しゅみせん》（仏教の世界観で中央にある巨大な山）を中心とした九山八海《くせんはっかい》（須弥山の周囲に存在する山と海の総称）を一つの小世界として、これを一千合わせたのを小千世界、小千世界を一千合わせたのを中千世界、中千世界を一千合わせたのを大千世界という。大・中・小の三種の千世界からなるので三千大千世界という。これを一仏の教化の範囲とする。

満てらん＝満つるであろう。

夜　叉＝yakṣaの音写。薬叉とも書く。勇健・暴悪の意。インド神話の鬼神で、仏教に取り入れられて羅刹とともに毘沙門天の従者となり北方を守護する。八部衆（仏法守護の八種の異類）の一つ。俗には恐ろしい顔や心を持つ人に譬える。

写真上／三千大千世界
写真下／地獄の罪人を救う地蔵菩薩（奈良・矢田寺）

三千大千国土は、古くは『長阿含経《じょうあごんぎょう》』（四阿含の一つ。釈尊の教えをもっとも素朴に伝えている）の中にありますが、これは非仏教的なインド人の世界観です。現実の国土あるいは仏国土、羅刹の国土だけでなく、われわれ人間が眺めている無数の星も国土、月も国土で、人が住み往来も可能だと考えていたのです。月の国の話としては、日本では『竹取物語』のかぐや姫についての話がよく知られています。

さて、仏さまには三十二相といって特別な相（姿）がありますが、鬼には鬼の特色があります。頭上の角・犬歯が上下に出ている・牙があるというように、慈悲の相が減じて力の相が増大しています。ここでいう悪眼は医学的な眼の良し悪しではなく、善悪の眼を意味し、悪鬼の形容の一つとして眼を例にとっているのです。しかし、仏教では悪鬼が必ずしも悪人の大なるものではないということが重要な点で、鬼が地獄にいるのは悪人を好んでいるからではなく、悪人を懲らしめて善に立ち返らせるためにいるのです。西洋でいうような悪魔の使いではなく、閻魔の使者です。閻魔は地獄の主ですが、前にも述べたように地蔵菩薩の別の姿です。閻魔と地蔵は一体であって、いずれも悪人を救って下さるお方なのです。

仏教が人間の悪を見ることは、善を見ること以上に厳密なものがあったといわねばなりません。その一つの例として、親不孝を描いた井原西鶴の『本朝二十不孝』の中に次のような話があります。親からもらった財産で遊び暮らしていた男が、ついにお金に困るようになったものの遊びがやめられず、裕福な父親が死んだら倍にして返すからと金貸しから借金をしたのです。男は一日も早く父親が死ぬようにと神仏に祈っていたところ、父親は目まいを起こして倒れてしまったので、男は内心大喜びしながら、気付け薬と偽って毒を嚙み砕いて父親に飲ませようとして、逆にその毒で死んでしまいました。

父親は息子が自分を殺そうとしたことも知らずに嘆き悲しんだという因果応報の物語です。これが不幸（仏教では無慈悲）の典型といえます。しかし、このような親不孝な男でも地獄に堕ちて懺悔《さんげ》滅罪をすれば仏さまは必ず救って下さるのです。

年老いた親を山に捨てに行く姥《うば》捨て伝説はよく知られていますが、儒教その他では、このような無慈悲に対しては法律的あるいは世間的に多様な処罰戒告の方法がありました。また、領主の命令に背いて親を隠していた息子が、親の助けで領主の難題から逃れることができた話などがありますが、人間の智恵ことに家庭倫理、社会倫理の蓄積は、宗教と意外に近い距離にあるといえるでしょう。ただ、仏教の場合は出世間を強調するので、この場合の父親が仏に置き換えられたり、智恵秀れた長者とされることが多いという違いはあります。

『本朝二十不孝』より

設復有人《せっぶうにん》　若有罪《にゃくうざい》　若無罪《にゃくむざい》　杻械枷鎖《ちゅうかいかさ》　検繫其身《けんげごしん》　称観世音菩薩名者《しょうかんぜおんぼさつみょうしゃ》
皆悉断壊《かいしつだんね》　即得解脱《そくとくげだつ》　若三千大千国土《にゃくさんぜんだいせんこくど》　満中怨賊《まんちゅうおんぞく》　有一商主《ういちしゅうしゅ》　将諸商《しょうしょしょう》
人《にん》　齎持重宝《さいじじゅうほう》　経過険路《きょうかけんろ》　其中一人《ごちゅういちにん》　作是唱言《さぜしょうごん》

読み

設《たと》え復《また》人ありて　若《も》しくは罪あり　若しくは罪無きに　杻械《かせ》枷鎖《くさり》に　その身を検繫せんに　観世音菩薩の名を称うれば　皆悉《ことごと》く断壊《だんね》して　即ち解脱《まぬが》るることを得ん　若し三千大千国土に　中に満てる怨賊あらんに　一人の商人ありて　諸《もろもろ》の商人を将《ひき》い　重宝《とうときたから》を齎持して　険しき路を経過せんに　その中に一人　この唱言を作《な》さん

現代訳

仮にまたある人がいて、その人に罪があるかも知れないし罪がないかも知れないが、いずれにしてもよく調べるために、その人が手かせ・足かせ・首かせ・くさり等で縛られていたとしても、観世音菩薩のお名前を称えたならば、束縛していた物は皆ことごとく壊れて、ただちにそれらから逃れることができるでしょう。

また数限りなく多い国々に悪党が満ちている時に、一人の商人が大勢の商人を率いて、狭く険しい道を身を浄めて尊い宝物を捧げ持って通り過ぎる場合に、その中にいる一人が、次のように呼びかけます。

字義

杻　＝手かせ
械　＝足かせ
枷　＝首かせ
鎖　＝くさり　罪人を繋ぐ最も苛酷な刑具。
怨　賊＝人命を害し人の財産を奪うもの。誰でもが怨《うら》みを持つであろう悪党。

解説

観音さまの功徳について述べています。悪が満ちているこの世の中で、観音さまのお名前を称える人はただちにそれらの束縛から脱することができる、といっています。後半に出てくる「尊い宝物」ですが、これは文字通りの「貴重な宝物」という意味だけではありません。具体的には観音さまの功徳をいいます。尊い功徳を持って歩くことを意味し、観音さまの功徳を知らない人は、身を守るために重い武器を持ったり、金銀財宝を見せびらかしたりしていますが、観音さまの功徳を知り、お名前を称える人に対しては、どのような悪人でもその人を襲うことはしない、観音さまの功徳はあらゆる災難を消し去り除くのだということをいっているのです。

諸善男子《しょぜんなんし》　勿得恐怖《もっとくくふ》　汝等応当《にょとうおうとう》　一心称観世音菩薩名号《いっしんしょうかんぜおんぼさつみょうごう》　是菩薩《ぜぼさつ》　能《のう》
以無畏《いむい》　施於衆生《せおしゅじょう》　汝等若称名者《にょとうにゃくしょうみょうしゃ》　於此怨賊《おしおんぞく》　当得解脱《とうとくげだつ》　衆商人聞《しゅしょうにんもん》
倶発声言《ぐほっしょうごん》　南無観世音菩薩《なむかんぜおんぼさつ》　称其名故《しょうごみょうこ》　即得解脱《そくとくげだつ》　無尽意《むじんに》　観世音菩《かんぜおんぼ》
薩摩訶薩《さつまかさつ》　威神之力《いじんしりき》　巍巍如是《ぎぎにょぜ》

読み

諸《もろもろ》の善男子よ、恐怖《くふ》することを得ること勿《なか》れ　汝等《なんだち》よ、応当《まさ》に　一心に観世音菩薩の名号を称うるべし　この菩薩は　よく無畏《むい》をもって　衆生《しゅじょう》に施《ほどこ》したもう　汝等《なんだち》よ、若《も》し名を称うれば　この怨賊に於いて　当《まさ》に解脱《まぬが》るることを得べしと　衆《もろもろ》の商人は聞いて　倶《とも》に声を発して「南無観世音菩薩」と言わん　其の名を称うるが故に　即《すなわ》ち解脱《まぬが》るることを得ん　無尽意よ、観世音菩薩摩訶薩《まかさつ》は　威神の力　巍巍《ぎぎ》たること是《かく》の如し

現代訳

大勢の人たちよ、恐れを持つことはないのです。そのためにはひたすら観世音菩薩のお名前を称えなさい。この菩薩は何ものをも怖れることのない智慧をもって、必ず衆生を救って下さるのです。あなたたちがもし観世音菩薩のお名

前を称えたならば、この悪党から必ず逃れることができるはずです」と。その場にいた大勢の商人はその声を聞いて、皆一緒に「南無観世音菩薩（観世音菩薩に帰命いたします）」と唱和するでしょう。そのお名前を称えたならば、ただちに危険から逃れることができるのです。

無尽意よ、観世音菩薩摩訶薩が持っている不可思議な力は非常に優れていて、高い山が聳えているように力強いのです。

字義

一　心＝ひたすら。

応　当＝当然……でなければならない。必ず……のはずだ。

無　畏＝種々の恐れを取り去って救うこと。観世音菩薩は無畏施の威力を持つために施無畏者という。

南　無＝namas の音写、帰命・帰敬と訳す。三宝（仏・法・僧）に帰順して信を捧げること。仏に帰依敬順すること。

摩訶薩＝mahā-sattvaの音写。偉大な人と訳す。菩薩は利他（他を救う）の行を完成しようと精進するのでこのようにいう。大乗経典では菩薩摩訶薩と続けていう場合が多い。

巍　巍＝高く大きなさま。山の聳えるさま。

解説

「名《みょう》」と「名号」はどちらも名前のことですが、本来の名前が名で、号は称える時の呼びかけですから、名前と呼びかけを合わせて名号といいます。

「観世音菩薩」と称えるだけでもよいのですが、その上に「南無」をつけるのが普通です。お名前を称える称名には信心の心が入っているので、それだけでも敬意が表されています。それゆえ、名前を呼ぶことだけでも立派な宗教行為なのです。

●

若有衆生《にゃくうしゅじょう》　多於婬欲《たおいんよく》　常念恭敬《じょうねんくぎょう》　観世音菩薩《かんぜおんぼさつ》　便得離欲《べんとくりよく》　若多瞋恚《にゃくたしんに》
常念恭敬《じょうねんくぎょう》　観世音菩薩《かんぜおんぼさつ》　便得離瞋《べんとくりしん》　若多愚痴《にゃくたぐち》　常念恭敬《じょうねんくぎょう》　観世音菩薩《かんぜおんぼさつ》
便得離痴《べんとくりち》　無尽意《むじんに》　観世音菩薩《かんぜおんぼさつ》　有如是等大威神力多所饒益《うにょぜとうだいいじんりきたしょにょうやく》　是故衆《ぜこしゅ》
生《じょう》　常応心念《じょうおうしんねん》

読み

若《も》し衆生ありて　婬欲多からんに　常に念じて観世音菩薩を恭敬《くぎょう》せば　便《すなわ》ち欲を離るることを得ん　若し瞋恚《いかり》多からんに　常に念じて観世音菩薩を恭敬せば　便ち瞋を離るることを得ん　若し愚痴多からんに　常に念じて観世

音菩薩を恭敬せば　便ち痴を離るることを得ん　無尽意よ、観世音菩薩は　是《かく》の如き等の大威神力ありて　饒益《にょうやく》する所多し　この故に衆生は常に応《まさ》に心に念ずべし

現代訳

もしここに多くの人がいて、男女の欲が非常に盛んであったとしたら、いつでも心に観世音菩薩を念じて敬い尊んでいたならば、必ず欲を離れることができるでしょう。仮に心中深く怒りや恨みを持っていたとしたら、いつでも心に観世音菩薩を念じて敬い尊んでいたならば、必ず怒りや恨みを離れることができるでしょう。仮に愚かな考えをしている人がいたとしたら、いつでも心に観世音菩薩を念じて敬い尊んでいたならば、必ず愚かさを離れることができるでしょう。無尽意よ、観世音菩薩にはこのような大威神力があるので、為になることが非常に多いのです。このような理由によって人びとは常に心に念じていなくてはならないのです。

字義

多からんに＝条件つきの未来形（条件未来）。からん…未来形。に…未来の仮定形。もしも多かったならば。

便　ち＝必ず。「常に」を受けて「便ち」となる。

瞋　恚＝いかり。瞋…目を瞠っての怒り。表に現われた怒り。憎しみや憤り。恚…心の中にこもった怒り、恨み。
愚　痴＝おろか。現象の世界に迷い、真実を見極めないこと。
饒　益＝利益を与えること。饒…豊か。益…為になる。

解説

声に出して仏を念ずることを、一般に「念仏」といいますが、念の字の部首「心」からも分かるように、本来は心に仏を念ずることをいったのです。声に出して念ずるのは間違いだとはいいませんが、これはごく日本的な使い方です。サンスクリット語ではスムリティ・ブッダ（smṛti-buddha）といいます。このスムリティが本来、心で念ずること、または声に出すことのどちらを意味するのかは、結論的にいえば、口称念仏（口で称える念仏）と心念仏（心の中で称える念仏）の両方があったといえます。わが国の伝統は口称念仏、中国は心念仏です。

極楽往生のために一回だけ仏を念ずればよいとするのを一念義、何回でも念じなければならないとするのを多念義といい、法然上人の弟子たちの間で、どちらを可とするかの論争が起きました。法然上人は「一念を信ずる様、多念を信ずる様」と述べ、どちらにも偏らないように呼びかけましたが、この浄土教の影響を受けて真言宗にもできたのが真言念仏です。さとりをひらき救われるのに自力・他力と分けることはできず、自他不二力といって、自分の力と仏の力が一つになることだとしています。

離欲、すなわち欲（煩悩）を離れることが仏教の目指すところですが、そのための三業《さんごう》（身《しん》・口《く》・意《い》で行われる行為。密教では三密という）の修行では、たとえば身体で行うなら坐禅、口業なら念仏・称名というように、浄業を口にします。キリスト教でいう「アーメン」と同じです。心で行う意業が最も難しく、心に妄想が湧き起こるのは防ぎ難いのです。江戸時代の高僧の慈雲《じうん》尊者（飲光《おんこう》。一七一八－一八〇四）は著書『十善法語』の中で、「妄念が湧いてきたら、口に出して仏さまのお名前を称えなさい」と言っています。善行を行うにも三密一体、悪行を防ぐためにも三密一体、三つの力が一つになると強い集中力になります。しかし、三業の三つとも行うのはなかなか大変なことで、その中の一つでも一心に行えば他の二つにも通じます。たとえば坐禅をして心を静めれば、妄念も起きてこないのです。

愚痴の「愚」も「痴」も「おろか」を意味しますが、愚は一時的なおろかさ、痴は生まれつきのおろかさをいいます。自分の悪い心がいつまでも離れないでいると、習い性となって間違った考えが脳の中を占めてしまうから愚痴になってしまうのです。

「かくの如き等」の「等」は複数をつくる言葉ですが、中国語にも、その影響下にある日本語にも、複数は名詞と代名詞にしかありません。しかし、この例を見ても分かるように、「かくの如き」は形容詞ですが、「等」をつけて副詞的に使っているのですから、形容副詞、

ア
阿形

仁王種子
バ

形容詞を複数にする用い方です。現代では滅んだ品詞の一つですが、千年以上も前に中国で使っており、品詞がなくなったにもかかわらず、お経の中に残っているのは面白いと思います。

大威神力は形容詞だけで成っているような言葉で、この中で意味のある名詞は「力」です。その形容として人間の持っている力とは違う神《シン》について言っています。キリスト教でいう神《カミ》ではなく、仏教の神《シン》は人間でありながら人間の十倍・百倍の力を持っている人をいい、仏教圏ないしは漢字文化圏では神、神力と表現しました。その神力の上に人間とは思えぬ恒久的な力が加わって、見た目にも人間とは異なると大威力という姿、たとえば金剛力士（仁王）のような姿になります。仁王には威も神も力もあるから大威神力の人なのです。

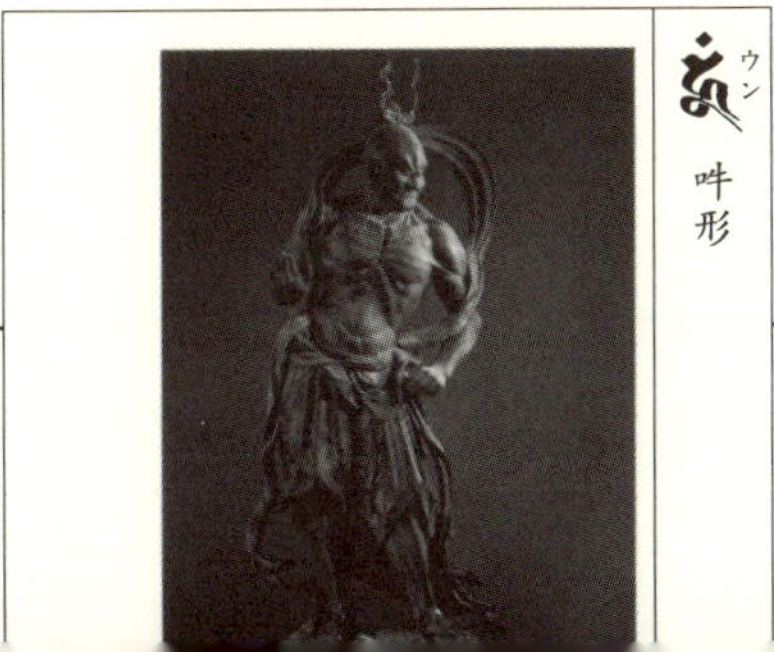

仁王（京都・妙法院）

●

若有女人《にゃくうにょにん》　設欲求男《せっちょくぐなん》　礼拝供養観世音菩薩《らいはいくようかんぜおんぼさつ》　便生福徳智慧之男《べんしょうふくとくちえしなん》　設欲《せっちょく》
求女《ぐにょ》　便生端正有相之女《べんしょうたんじょううそうしにょ》　宿殖徳本《しゅくじきとくほん》　衆人愛敬《しゅうにんあいきょう》　無尽意《むじんに》　観世音菩薩《かんぜおんぼさつ》
有如是力《うにょぜりき》　若有衆生《にゃくうしゅじょう》　恭敬礼拝観世音菩薩《くぎょうらいはいかんぜおんぼさつ》　福不唐捐《ふくふとうえん》　是故衆生《ぜこしゅじょう》　皆《かい》
応受持観世音菩薩名号《おうじゅじかんぜおんぼさつみょうごう》

読み

若《も》し女人《にょにん》ありて　設《たと》え男《なん》を求めんと欲して　観世音菩薩を礼拝し供養せば　便《すなわ》ち福徳智慧の男を生まん　設え女を求めんと欲せば　便ち端正有相《たんじょううそう》の女の宿《むかし》徳本を殖えて　衆人に愛敬せらるるを生まん　無尽意よ、観世音菩薩は　是《かく》の如き力あり　若し衆生ありて　観世音菩薩を恭敬し礼拝せば　福は唐捐《とうえん》ならじ　この故に衆生は皆、応《まさ》に観世音菩薩の名号を受持すべし

現代訳

仮に男の子を欲しいと思っている女の人がいて、観世音菩薩を礼拝して供養したならば、幸福・財産・知恵の備わった男の子を必ず生むことができるでしょう。あるいは女の子を欲しいと思ったならば、姿かたちの整って美しく、多くの人びとに愛され可愛がられるような子を必ず生むでしょう。無尽意よ、観

世音菩薩はこのような力があるのです。もし衆生が観世音菩薩を謹み敬って礼拝したならば、不幸になるということはありません。このようなわけですから、すべての人びとは観世音菩薩のお名前を称え、信仰を持ち続けなさい。

字義

設 え＝若しと同じ。かりに。まだそのことは起きていないが起きたと仮定したら、の意。

福徳智慧＝幸福と財産と智慧。福…身に備わった幸せ。徳…心を養い身に得た人格・財産。智…判断能力・頭の働き。慧…めぐみ、働きの元になる頭のよさ。

徳 本＝孝。孝は徳の本の意。

唐 捐＝無駄になる。唐…むなしい・ほら。捐…すてる・やめる。

解説

ここから、現世利益が説かれます。

受持《じゅじ》は教えを身につけていつも忘れずに保っていることをいいます。「受」は身体で受け止める、「持」は身体から離さないことを意味します。昔の子供は師や兄弟子から教えを受ける時は、必ず受持という態度で受け止めました。それは学問を受けるにふさわしい身心《しんじん》の準備を整えることをいいます。記憶よりももっと意味が広く、記憶と正しい実践と解すればよく分かると思います。

●

無尽意《むじんに》　若有人《にゃくうにん》　受持六十二億恒河沙菩薩名字《じゅじろくじゅうにおくごうがしゃぼさつみょうじ》　復尽形《ぶじんぎょう》　供養《くよう》　飲食《おんじき》
衣服《えぶく》　臥具《がぐ》　医薬《いやく》　於汝意云何《おにょいうんが》　是善男子《ぜぜんなんし》　善女人《ぜんにょにん》　功徳多不《くどくたふ》　無尽《むじん》
意言《にごん》　甚多《じんた》　世尊《せそん》

読み

無尽意よ、若し人ありて　六十二億恒河沙《ごうがしゃ》の菩薩の名字を受持し　復《また》形を尽くすまで　飲食《おんじき》・衣服《えぶく》・臥具・医薬を供養せば　汝が意《こころ》において云何《いかん》　この善男子・善女人の　功徳多しや不《いな》や」と。無尽意の言《もう》さく「甚だ多し　世尊よ」と

現代訳

無尽意よ、ある人がいて六十二億のガンジス河の砂の数ほど多くいる菩薩の名前を受持して、肉体が滅び寿命が終わるまで、飲みものや食べもの・衣服・寝具そして医術や薬を供養するとしたら、このことについてあなたはどのように考えているだろう。仏を信じる善い男性や女性の功徳は多いのだろうか、多くはないのだろうか」

無尽意菩薩は世尊に尋ねられて、「極めて多いです。世尊よ」と答えられました。

字義

恒河沙＝ガンジス河の砂の数。無数の意。恒河…Gaṅgā　インド東北部を流れるインド三大河の一つ。

解説

「仏の教えを受け止め信じている人は多いのだろうか、多くないのだろうか」と世尊が聞いています。聞かれた無尽意菩薩は「功徳を信じている人の数は極めて多いです、世尊よ」と答えていますが、多いということは自明の理で、聞く世尊も聞かれる無尽意菩薩も繰り返すことで、その多さを強調しています。

●

仏言《ぶつごん》　若復有人《にゃくぶうにん》　受持観世音菩薩名号《じゅじかんぜおんぼさつみょうごう》　乃至一時《ないしいちじ》　礼拝供養《らいはいくよう》　是二人《ぜににん》
福《ぷく》　正等無異《しょうとうむい》　於百千万億劫《おひゃくせんまんのくこう》　不可窮尽《ふかぐうじん》　無尽意《むじんに》　受持観世音菩薩名《じゅじかんぜおんぼさつみょう》
号《ごう》　得如是《とくにょぜ》　無量無辺《むりょうむへん》　福徳之利《ふくとくしり》

読み

仏は言《のたま》わく、「若し復《また》人ありて　観世音菩薩の名号を受持し　乃至《ないし》一時も礼拝供養せば　この二人の福は正に等しくて異なること無く　百千万億劫においても　窮《きわ》め尽くすべからず　無尽意よ、観世音菩薩の名号を受持せば　かくの如き無量無辺の福徳の利を得ん」と

現代訳

仏さまの言われるには、「またある人がいて、観世音菩薩の名前を受持し、あるいはいつでも欠かさず礼拝し供養する人がいたならば、この二人の福徳はまったく同じで異なることはなく、数えきれないほどの長い長い年月が経っても、それを窮め尽くすことはできないほどなのです。無尽意よ、私（世尊）に代わって法を説いてくれる観世音菩薩の名前を受持したならば、このような量《はか》り知れない限りのない福徳の利を得ることができるのです」

字義

乃　至＝そして、そうすれば・そうなると。動作の継続をあらわす。

一　時＝いかなる時も・いつでも。（普通に使うときは、「ある時」の意味）

百千万億劫＝無数の劫。劫…kalpa 劫波と音写した略。きわめて長い時間をあらわす単位。無限の意。

解説

乃至一時は「そのようなことがいつでも」の意で、「乃至」はその動作が継続していることをいいます。そのように観音菩薩の名号を受持し礼拝供養したならば、観音菩薩の名前を受持したり、いつでも欠かさず礼拝供養している人と、前述のガンジス河の沙の数ほどいらっしゃる菩薩に飲食《おんじき》等の供養を生涯続ける人との二人は、同じように究め尽くすことのできない無限の福徳の利を得ることができるであろう、と繰り返し功徳の約言《やくごん》（誓約）

を説いています。

つまり、ここでは観音菩薩の名号を受持し供養することは、無数の菩薩たちへ生涯供養しつづけることに匹敵するのだ、観音菩薩の功徳というのはそれほど大きいのだ、といっているのです。これは観音菩薩お一方でも菩薩方の功徳力を代表するからですし、観音菩薩を受持することが、他の菩薩——多仏にも通ずるからです。

●

無尽意菩薩《むじんにぼさつ》　白仏言《びゃくぶつごん》　世尊《せそん》　観世音菩薩《かんぜおんぼさつ》　云何遊此娑婆世界《うんがゆうししゃばせかい》　云何而《うんがに》
為衆生説法《いしゅじょうせっぽう》　方便之力《ほうべんしりき》　其事云何《ごじうんが》

読み

無尽意菩薩は　仏に白《もう》して言《もう》さく、「世尊よ、観世音菩薩は　云何《いか》にしてこの娑婆世界に遊び　云何にして衆生のために法を説くや　方便の力　其の事云何ん」と

現代訳

無尽意菩薩が仏に対して申し上げるには、「世尊よ、観世音菩薩はどのような理由でこの娑婆世界（現世）で活躍し、どのように衆生のために法を説いて下さるのでしょうか。福徳を授けて下さるという仏さまの持っているお力とは、

どのようなものでしょうか」

字義

娑婆＝sahāの音写。忍耐・忍土の意。現実の世界のことで、人間はこの世界に生まれ、種々の苦難を耐え忍ばなければならないから、このようにいう。

遊＝宇宙のあらゆるところに自在に活躍すること。

方便＝upāyaの訳。近づく・到達する。よい方法を用いて衆生を導くこと。

解説

「遊ぶ」とは、働かない、勝手気ままに動くことをいいますが、仏教では自由自在に動くことをいいます。重要な点は、単に遊んでいるだけではなく、自由な境地を得ていることであって、この境地を最高の位置に高めるのを遊《ゆ》戯《げ》三昧《ざんまい》（さえぎるものがなく、自在に往来すること。三昧はsamādhiの音写で心を集中すること）といいます。

戯（たわむれる）には主義とか体系的な論理、倫理、あるいは道楽などの意があります。この遊戯の仏教的な要素は無心に遊ぶことで、よって遊戯の第一条件は無心・無邪気ということになります。そういう心持ちのまま観世音菩薩はどの世界にも自由に出入りして、大勢の人びとを救いさとらせて下さるのです。

●

仏告《ぶつごう》無尽意《むじんに》菩薩《ぼさつ》　善男子《ぜんなんし》　若有《にゃくう》国土《こくど》衆生《しゅじょう》　応以《おうい》仏身《ぶつしん》得度者《とくどしゃ》　観世音《かんぜおん》菩薩《ぼさつ》　即現《そくげん》仏身《ぶつしん》而為《にい》説法《せっぽう》　応以《おうい》辟支仏身《びゃくしぶつしん》得度者《とくどしゃ》　即現《そくげん》辟支仏身《びゃくしぶつしん》而為《にい》説法《せっぽう》
応以《おうい》声聞身《しょうもんしん》得度者《とくどしゃ》　即現《そくげん》声聞身《しょうもんしん》而為《にい》説法《せっぽう》

読み

仏は無尽意菩薩に告げたまわく、「善男子よ、若し国土ありて衆生の応《まさ》に仏身を以て得度すべき者には　観世音菩薩は、即ち仏身を現わして為に法を説き　応に辟支仏《びゃくしぶつ》の身を以て得度すべき者には　即ち辟支仏の身を現わして為に法を説き　応に声聞《しょうもん》の身を以て得度すべき者には　即ち声聞の身を現わして為に法を説き

現代訳

仏が無尽意菩薩に言われるには、「無尽意よ、現実の人間世界には大勢の人びとがいるけれども、その中で仏の身を化現することで救う必要がある者には、観世音菩薩が仏の姿になって現われて彼のために法を説き、辟支仏の身で救うべき者には、辟支仏の姿になって現われて彼のために法を説き、声聞の身で救うべき者には、声聞の姿になって現われて彼のために法を説き、

字義

得　度＝迷いの世界からさとりの世界へ渡ること。
為　＝……のために。
辟支仏＝pratyekabuddhaの音写、独覚・縁覚と訳す。独り、または数人で修行し、他から教えを受けず諸々の縁により独力でさとりを得る者のこと。
声　聞＝śrāvakaの訳。仏の教えを聞いて修行し、さとりを得る者のこと。

解説

仏身、辟支仏《びゃくしぶつ》、声聞《しょうもん》と、観世音菩薩がそれぞれの姿になって教化するのを順に説いています。仏がわれわれを救って下さる時には、相手（ここでは辟支仏・声聞）に応じた姿になって現われて法を説いて下さるという化身説法で、化身の説法は無限だということをいっています。

化身の説法として一番大切なのが『ジャータカ』（前生譚）で、仏が種々の姿になるのを数え立てるのではなく、仏はどのような姿になっても仏だという本質の不変を見抜けばよいのです。仏教では、猿、ウサギ、亀などを仏の化身として慈悲をもって扱っていますが、これは化身をさかのぼればすべて仏だからなのです。

大猿本生：自分の体をかけ橋にして仲間を渡して逃がした（後の釈尊）。

応《おう》以《い》梵《ぼん》王《のう》身《しん》得《とく》度《ど》者《しゃ》　即《そく》現《げん》梵《ぼん》王《のう》身《しん》而《に》為《い》説《せっ》法《ぽう》　応《おう》以《い》帝《たい》釈《しゃく》身《しん》得《とく》度《ど》者《しゃ》　即《そく》現《げん》帝《たい》釈《しゃく》身《しん》而《に》為《い》説《せっ》法《ぽう》　応《おう》以《い》自《じ》在《ざい》天《てん》身《しん》得《とく》度《ど》者《しゃ》　即《そく》現《げん》自《じ》在《ざい》天《てん》身《しん》而《に》為《い》説《せっ》法《ぽう》　応《おう》以《い》大《だい》自《じ》在《ざい》天《てん》身《しん》得《とく》度《ど》者《しゃ》　即《そく》現《げん》大《だい》自《じ》在《ざい》天《てん》身《しん》而《に》為《い》説《せっ》法《ぽう》　応《おう》以《い》天《てん》大《だい》将《しょう》軍《ぐん》身《しん》得《とく》度《ど》者《しゃ》　即《そく》現《げん》天《てん》大《だい》将《しょう》軍《ぐん》身《しん》而《に》為《い》説《せっ》法《ぽう》　応《おう》以《い》毘《び》沙《しゃ》門《もん》身《しん》得《とく》度《ど》者《しゃ》　即《そく》現《げん》毘《び》沙《しゃ》門《もん》身《しん》而《に》為《い》説《せっ》法《ぽう》

読み

応《まさ》に梵王《ぼんのう》の身を以て得度すべき者には　即ち梵王の身を現わして為に法を説き　応に帝釈の身を以て得度すべき者には　即ち帝釈の身を現わして為に法を説き　応に自在天の身を以て得度すべき者には　即ち自在天の身を現わして為に法を説き　応に大自在天の身を以て得度すべき者には　即ち大自在天の身を現わして為に法を説き　応に天大将軍の身を以て得度すべき者には　即ち天大将軍の身を現わして為に法を説き　応に毘沙門の身を以て得度すべき者には　即ち毘沙門の身を現わして為に法を説き

現代訳

梵王の身で救うべき者には、梵王の姿になって現われて彼のために法を説

梵天（京都・東寺）

き、帝釈の身で救うべき者には、帝釈の姿になって現われて彼のために法を説き、自在天の身で救うべき者には、自在天の姿になって現われて彼のために法を説き、大自在天の身で救うべき者には、大自在天の姿になって現われて彼のために法を説き　天の大将軍の身で救う必要がある者には、天の大将軍の姿になって現われて彼のために法を説き、毘沙門の身で救う必要がある者には、毘沙門の姿になって現われて彼のために法を説き、

字義

梵王＝梵天　Brahmā　ヒンドゥー教三大神（ブラフマー、ヴィシュヌ《Viṣṇu》、シヴァ《Śiva》）の一神。この三神は順に、世界の創造・維持・破壊と刷新を司るとされる。インド思想では古くは、非人格的な中性原理としてのブラフマン（Brahman）であり、ウパニシャッドの時代（紀元前八〇〇―五〇〇年）に入り宇宙の根本原理とされ、やがて擬人化・神格化される。仏教に入って帝釈天とともに仏法守護神となる。十二天（仏法を守護する十二の天部の神）の一つで上方を守る。

帝釈天＝Śakra　ヒンドゥー教の神インドラ（Indra）の別名。武勇を司る軍神。梵天とともに仏法の守護神となり、阿修羅の軍を征服し、仏法に帰依する人を守るという。十二天の一つで東方を守る。

帝釈天（京都・東寺）

自在天＝Īśvara　主宰神。宇宙を支配する神。

大自在天＝Maheśvara　ヒンドゥー教のシヴァ神の異名。獣の皮をまとい、死を司る。墓地に住み、死体を焼いた灰を体に塗っているともいわれる。世界の破壊とともに再創造をも支配し、そのため生殖・再生・豊穣にも偉大な力を発揮するとされる。

天大将軍＝天上界の将軍の長。

毘沙門＝Vaiśravaṇaの音写。多聞天ともいい、甲冑を身に着けた武人の姿であらわされる。四天王・十二天の一つ。夜叉・羅刹を率いて北方を守護する神。

［注］十二天＝仏法守護の諸天。八方と上下と日月をいう。帝釈天（東）・火天（東南）・焔摩天（南）・羅刹天（西南）・水天（西）・風天（西北）・多聞天（北）・伊舎那天または大自在天（東北）・梵天（上）・地天（下）・日天・月天のこと。

［注］四天王＝須弥山の中腹にある四天王の主。仏法および信者を守護する諸天。持国天（東）・増長天（南）・広目天（西）・多聞天（毘沙門天ともいう、北）のこと。

解説

ここではとくに、梵王・帝釈・自在天・大自在天・天大将軍・毘沙門と、必ず救う相手が素直に受け入れられる姿になって現われ、法を説く、という応以現身をいっています。

●

応《おう》以《い》小《しょう》王《おう》身《しん》得《とく》度《ど》者《しゃ》　即《そく》現《げん》小《しょう》王《おう》身《しん》而《に》為《い》説《せっ》法《ぽう》　応《おう》以《い》長《ちょう》者《じゃ》身《しん》得《とく》度《ど》者《しゃ》　即《そく》現《げん》長《ちょう》者《じゃ》身《しん》而《に》為《い》説《せっ》法《ぽう》　応《おう》以《い》居《こ》士《じ》身《しん》得《とく》度《ど》者《しゃ》　即《そく》現《げん》居《こ》士《じ》身《しん》而《に》為《い》説《せっ》法《ぽう》　応《おう》以《い》宰《さい》官《かん》身《しん》得《とく》度《ど》者《しゃ》　即《そく》現《げん》宰《さい》官《かん》身《しん》而《に》為《い》説《せっ》法《ぽう》　応《お》以《い》婆《ば》羅《ら》門《もん》身《しん》得《とく》度《ど》者《しゃ》　即《そく》現《げん》婆《ば》羅《ら》門《もん》身《しん》而《に》為《い》説《せっ》法《ぽう》　応《おう》以《い》比《び》丘《く》　比《び》丘《く》尼《に》　優《う》婆《ば》塞《そく》　優《う》婆《ば》夷《い》身《しん》得《とく》度《ど》者《しゃ》　即《そく》現《げん》比《び》丘《く》　比《び》丘《く》尼《に》　優《う》婆《ば》塞《そく》　優《う》婆《ば》夷《い》身《しん》而《に》為《い》説《せっ》法《ぽう》

読み

応に小王の身を以て得度すべき者には　即ち小王の身を現わして為に法を説き　応に長者の身を以て得度すべき者には　即ち長者の身を現わして為に法を説き　応に居士の身を以て得度すべき者には　即ち居士の身を現わして為に法を説き　応に宰官の身を以て得度すべき者には　即ち宰官の身を現わして為に法を説き　応に婆羅門の身を以て得度すべき者には　即ち婆羅門の身を現わして為に法を説き　応に比丘、比丘尼、優婆塞、優婆夷の身を以て得度すべき者には　即ち比丘、比丘尼、優婆塞、優婆夷の身を現わして為に法を説き

現代訳

小国の王の身で救う必要がある者には、小国の王の姿になって現われて彼のために法を説き、長者の身で救う必要がある者には、長者の姿になって現われて彼のために法を説き、居士の身で救う必要がある者には、居士の姿になって現われて彼のために法を説き、役人の身で救う必要がある者には、役人の姿になって現われて彼のために法を説き、婆羅門の身で救う必要がある者には、婆羅門の姿になって現われて彼のために法を説き、比丘、比丘尼、優婆塞、優婆夷の身で救う必要がある者には、比丘、比丘尼、優婆塞、優婆夷の姿になって現われて彼のために法を説き、

字義

小　王＝小国の王。
長　者＝gṛhapati　財と富を積んだ人。または年齢と徳行の長じた人の総称。
居　士＝gṛhapati　原義は家主・資産家のこと。中国では学徳が高くて仕官していない人をいう。現在では出家剃髪しない在家の仏教に帰依する者の称。のちに男子の法名につける称号になった。
宰　官＝政治を掌る人、役人、官吏。
婆羅門＝brāhmaṇaの音写。インドの四姓（種族の四階級）の最高位。祭祀を司る。僧侶階級。

比　丘＝bhikṣuの音写。受戒した男性の出家者。僧のこと。
比丘尼＝bhikṣuṇī の音写。受戒した女性の出家者。尼僧のこと。
優婆塞＝upāsakaの音写。在家の男性信者。
優婆夷＝upāsikāの音写。在家の女性信者。

解説

ここには人間の様々な姿（身分）が書かれていますが、観音菩薩はどのような人にも必ず相手に応じた姿になって現われ法を説いて下さいます。いくつ変化したのかの数ではなく、どのような姿をとるかの可能性をいっているのです。

●

応以長者《おういちょうじゃ》　居士《こじ》　宰官《さいかん》　婆羅門《ばらもん》　婦女身得度者《ぶにょしんとくどしゃ》　即現婦女身而為説法《そくげんぶにょしんにいせっぽう》
応以童男《おういどうなん》　童女身得度者《どうにょしんとくどしゃ》　即現童男《そくげんどうなん》　童女身而為説法《どうにょしんにいせっぽう》

読み

応《まさ》に長者、居士、宰官、婆羅門の婦女《ぶにょ》の身を以て得度すべき者には　即ち婦女の身を現わして為に法を説き　応に童男、童女の身を以て得度すべき者には　即ち童男、童女の身を現わして為に法を説き

三十三観音図
（京都・高台寺）

現代訳

長者、居士、宰官、婆羅門の家の女性の身で救う必要がある者には、女性の姿になって現われて彼のために法を説き、少年、少女の身で救う必要がある者には、少年、少女の姿になって現われて彼のために法を説き、

解説

ここも同じで、それぞれの救うべき者の姿になって現われて法を説いて下さることが説かれています。

仏教は多くの可能性を持っており、多因多生《たいんたしょう》といって、因多ければ生多し、また多因多果ともいい、因多ければ果多しです。すなわち、一つの可能性で決めるのではなく、今の状態は一つの結果であって唯一の結果ではない、というように考えます。このように仏教は一つひとつについては決定《けつじょう》がありますが、最終決定ではないので、決して運命論に陥ることはありません。

応以天《おういてん》　龍《りゅう》　夜叉《やしゃ》　乾闥婆《けんだつば》　阿修羅《あしゅら》　迦楼羅《かるら》　緊那羅《きんなら》　摩睺羅伽《まごらか》　人《にん》
非人等身得度者《ぴにんとうしんとくどしゃ》　即皆現之而為説法《そくかいげんしにいせっぽう》　応以執金剛神得度者《おういしゅうこんごうじんとくどしゃ》　即現執金《そくげんしゅうこん》
剛神而為説法《ごうじんにいせっぽう》

𑖀《ア》

阿修羅種子

𑖐𑖽《ガン》

乾闥婆種子

𑖐《ガ》

迦楼羅種子

𑖎𑖰𑖽《キン》

緊那羅種子

八部衆（奈良・興福寺）

ロ 五部浄（天）種子

ノウ 沙羯羅（龍）種子

ヤ 鳩槃荼（夜叉）種子

マ 畢婆迦羅（摩睺羅迦）種子

読み

応に天、龍、夜叉、乾闥婆、阿修羅、迦楼羅、緊那羅、摩睺羅伽、人非人等の身を以て得度すべき者には　即ち皆之《これ》を現わして為に法を説き　応に執金剛神を以て得度すべき者には　即ち執金剛神を現わして為に法を説く」

現代訳

仏法を守護する八部衆の天、龍、夜叉、乾闥婆、阿修羅、迦楼羅、緊那羅、摩睺羅伽などの人間ではない者たちの身で救う必要がある者には、これらの姿になって現われて彼のために法を説き、金剛力士で救う必要がある者には、金剛力士の姿になって彼のために法を説くのです」

字義

天＝devaの訳、超人的な鬼神などの意。六道の一つ。三界（欲界・色界・無色界＝全世界の意）の諸天。

龍＝nāgaの訳。インド神話の蛇を神格化したもの。大海または地底に住み、人びとに畏怖された。降雨を招くものとして崇拝される。仏教に入り八部衆の一つとして仏法の守護神となる。龍神。

乾闥婆＝gandharvaの音写。「天上の楽師」といわれ、酒や肉類を嫌い香だけを食物とする。八部衆の一つ。仏法を守護し讃嘆する。

阿修羅＝asuraの音写。非天の意。もとは嵐を擬人化したインド神話の神。帝釈天に常に戦いを挑む鬼神。仏教に取り入れられて八部衆の一つとなり、仏法の守護神とされる。

迦楼羅＝garuḍaの音写。金翅《こんじ》鳥。美しい鳥の王で龍を食う。八部衆の一つで仏法の守護神となる。

緊那羅＝kiṃnaraの音写。人非人の意。人身馬頭、または馬身人頭といわれ、乾闥婆とともに天上の音楽を奏でるとされる歌神。音楽天。八部衆の一つで仏法守護神となる。

摩睺羅伽＝mahoragaの音写。大腹行と訳す人身蛇頭の蛇神。八部衆の一つで仏法守護神となる。

人非人＝kiṃnaraの意訳。姿が人に似ているが人ではないもの。八部衆の総称。

執金剛神＝vajradharaの訳。持金剛・金剛力士。金剛杵《しょ》（古代インドの武器）を手に持って仏法を守護する武器所有の神。

解説

天には二つの意味があり、一つは天人（天にいる人）、もう一つは諸天（天の場所）です。天・龍は人より上に位置していますが、人間と接触があったのです。仏教的世界観における古代・中世と近現代との違いは、天・龍の世界と人間との接触がなくなったことです。古典的世界を生活の内に持っていた人は、折りにふれてこれらの世界を垣間みることがで

執金剛
（奈良・東大寺）

きたのです。

「天の羽衣」の話――浜辺で美しい天女の羽衣を見つけた漁夫が、その羽衣を隠して天女を妻にしようとしますが、嘆き悲しむ天女を見て、ついに羽衣を返した（『丹後風土記』逸文）という物語では、漁夫は天女を妻にすることができませんでしたが、得ることのできない世界、触れてはならない世界を天人を通して見ていたのです。このような話は謡曲にも多くある仏教周辺の世界です。

化身の思想の最も大切なところは、どのような姿になってでも人を救うことができるという大乗仏教の考え方です。現代の世では「指導者はこのような姿」という理想化した姿を描きがちですが、大乗仏教のほとけを見ると、天や龍など八部衆の異形《いぎょう》のほとけたちが出てきます。中国仏教にも日本仏教にも、多くの異形のほとけが入ってきています。

執金剛神が武器である金剛杵を手に持っているということは、すなわち仏教を守っていることであるという思想が説かれてきました。武器を持たないのがほとけですから、武器所有者がほとけであるということは不思議なことです。しかし、悪を退治し仏法を守護するために、曼荼羅や極楽などの仏の世界にも多くの武器を持った守護神がいるのです。

敦煌飛天図

●無尽意《むじんに》 是観世音菩薩《ぜかんぜおんぼさつ》 成就如是功徳《じょうじゅにょぜくどく》 以種種形《いしゅじゅぎょう》 遊諸国土《ゆうしょこくど》 度脱衆《どだつしゅ》
生《じょう》 是故汝等《ぜこにょとう》 応当一心《おうとういっしん》 供養観世音菩薩《くようかんぜおんぼさつ》 是観世音菩薩摩訶薩《ぜかんぜおんぼさつまかさつ》 於《お》
怖畏急難之中《ふいきゅうなんしちゅう》 能施無畏《のうせむい》 是故此娑婆世界《ぜこししゃばせかい》 皆号之《かいごうし》 為施無畏者《いせむいしゃ》

読み

「無尽意よ、是《こ》の観世音菩薩は 是《か》の如き功徳を成就して 種種の形を以て諸《もろもろ》の国土に遊び 衆生を度脱す この故に汝等《なんだち》よ、応《まさ》に一心に観世音菩薩を供養すべし 是《こ》の観世音菩薩摩訶薩は 怖畏急難の中に於いて 能《よ》く無畏を施す 是《こ》の故に此の娑婆世界に皆之《これ》を号して施無畏者と為す」と

現代訳

「無尽意よ、この観世音菩薩はこのような功徳を身につけ、様々な姿かたちになり多くの国土に自由自在に現われて、大勢の人びとを救いさとらせるのです。このような理由であなたたちは、どんなことがあってもひたすらに観世音菩薩を供養しなさい。この観世音菩薩摩訶薩は恐怖に満ち充ちた、困難なことが急に起こる世の中で、そのような恐怖をなくして下さるのですから、すべての人はこのように立派な方のことを、〈現世の恐怖を取り去り怖れのない境地を与えて下さる方〉といっています」

字義―度脱＝さとり・解脱。度…渡る。さとりの彼岸へ渡ること。

解説

度脱の「度」は氵（さんずい）が付いていなくても「渡す」の意味で、さとりの彼岸へ渡ることをいいます。

「能施」の「能」は「よく……させる」という意味の助動詞です。「施無畏」は怖れを取り除くことができるという意味で、この「できる」が「能」です。能が付いていなくても施無畏者といった時には、「能施無畏者」だということです。

観音菩薩は人びとが怖れを抱いている時にこそ、あらゆる人びとの怖れを取り除いて下さるありがたい方だから施無畏者といいます。

●

無尽意菩薩《むじんにぼさつ》　白仏言《びゃくぶつごん》　世尊《せそん》　我今当供養観世音菩薩《がこんとうくようかんぜおんぼさつ》　即解頸衆《そくげきょうしゅ》　宝珠《ほうじゅ》

瓔珞《ようらく》　價直百千両金《げじきひゃくせんりょうごん》　而以与之《にいよし》　作是言《さぜごん》　仁者《にんじゃ》　受此法施珍宝瓔珞《じゅしほっせちんぽうようらく》

時観世音菩薩《じかんぜおんぼさつ》　不肯受之《ふこうじゅし》

読み

無尽意菩薩は　仏に白《もう》して言《もう》さく、「世尊よ、我今当《まさ》に観世音菩薩を供養すべし」と。即ち頸《くび》の衆《もろもろ》の宝珠の瓔珞《ようらく》の價直《げじき》百千両の金《こがね》なるを解きて　以て之《これ》を与

瓔珞

えて　この言《ことば》を作《な》さく、「仁者よ、この法施《ほっせ》の珍宝の瓔珞を受けたまえ」と。時に観世音菩薩は肯《あ》えてこれを受けず

現代訳

無尽意菩薩が仏に申し上げて言うには、「世尊よ、私は必ず観世音菩薩を供養いたしましょう」と言って、すぐに頸に掛けていたたくさんの宝の珠でできている高価な飾りを外して観世音菩薩に贈り、このように言葉を続けました。「尊い人（観世音菩薩）よ、世尊から私がいただいた宝の内容である尊い首飾りをどうぞ受け取って下さい」と言いましたが、観世音菩薩は決して受けようとはしませんでした。

字義

今当（今まさに）＝必ず。

衆　＝複数を表わす語。「たくさんの」の意。

瓔　珞＝muktāhāraの訳。真珠や宝石などの連珠の飾りで、主に仏・菩薩の首や胸を飾る。また天蓋などの荘厳具《しょうごんぐ》のこと。インドでは身につけているものを人に与えるのは感謝の気持ちを表わす。

價　直＝あたい・価値。價も直も「あたい」の意。

仁《にん》　者《じゃ》＝仏教で使う時は呼称。きみ・なんじ。儒教では仁者《じんしゃ》。徳を完成した人の意。

法施＝三施（三種の布施、財施・法施・無畏施）の一つ。法（仏の教え）を説き、人びとに善根を増やすこと。

解説

今当（今まさに）とは、時間的な意味ではなく「必ず」の意です。「供養すべし」を「供養するであろう」と訳すのは間違いで、ここでは上に必ずがあるので「必ず供養するつもり」と訳すのが最適です。

無尽意菩薩が観世音菩薩に呼びかけるに際して「仁者」と言っているのは、お二人とも菩薩どうしで同格なのですが、無尽意菩薩が問者で、観世音菩薩は仏の位置に立っているので、「仏に等しき兄弟子よ」の意が込められています。

●

無尽意《むじんに》　復白観世音菩薩言《ぶびゃくかんぜおんぼさつごん》　仁者《にんじゃ》　愍我等故《みんがとうこ》　受此瓔珞《じゅしようらく》　爾時《にじ》　仏告《ぶつごう》
観世音菩薩《かんぜおんぼさつ》　当愍此無尽意菩薩《とうみんしむじんにぼさつ》　及四衆《ぎゅうししゅ》　天龍《てんりゅう》　夜叉《やしゃ》　乾闥婆《けんだつば》　阿修《あしゅ》
羅《ら》　迦楼羅《かるら》　緊那羅《きんなら》　摩睺羅伽《まごらが》　人非人等故《にんぴにんとうこ》　受是瓔珞《じゅぜようらく》

読み

無尽意は　復《また》観世音菩薩に白して言さく、「仁者よ、我等を愍《あわれ》むが故に　この瓔珞を受けたまえ」と。その時に　仏は観世音菩薩に告げたまわく、「当《まさ》に此の

無尽意菩薩　及び四衆、天龍、夜叉、乾闥婆、阿修羅、迦楼羅、緊那羅、摩睺羅伽、人非人等を愍《あわれ》むが故に　この瓔珞を受くべし」と

現代訳

無尽意菩薩が、再び観世音菩薩に申し上げて言うには、「尊い人よ、あなたはいつでも私たちを慈しみ見守っていて下さいます。ですから、感謝の気持ちとして私が差しあげる瓔珞を受け取って下さい」。その時、仏が観世音菩薩に、「この無尽意菩薩をはじめとして、四衆（比丘・比丘尼・優婆塞・優婆夷）、天龍、夜叉、乾闥婆、阿修羅、迦楼羅、緊那羅、摩睺羅伽、人非人たちを慈しんでいることに大勢の人たちが感謝して差し上げるのだから、この瓔珞を受けた方がよいでしょう」と言われました。

字義

愍＝いつくしむ。うれうる。

解説

「愍《あわれ》むが故に」といった言い方は仏典によくあります。愍の上に慈をつけて「慈愍」とするのが普通ですが、そこには可哀そうだから恵んでやるというような、強者から弱者、あるいは師から弟子へという優劣の関係はなく、一視同仁（だれかれの区別なくすべてのものを平等に見て慈しむ）ということです。善人も悪人も一つに見ます。愍は、見かけは悪

でもその中にある良いものを汲み出す、いつでも慈悲の気持ちで見ることをいいます。

無尽意菩薩が仏から頂いた法の宝としての瓔珞《ようらく》を観世音菩薩に差し上げようと、繰り返しお礼の言葉を言って受け取ってもらう――このような形式はインド文学の特色です。

●

即時《そくじ》観世音菩薩《かんぜおんぼさつ》　愍諸四衆《みんしょししゅ》　及於天龍《ぎゅうおてんりゅう》　人非人等《にんぴにんとう》　受其瓔珞《じゅごようらく》　分作二《ぶんさに》分《ぶん》　一分奉釈迦牟尼仏《いちぶんぶしゃかむにぶつ》　一分奉多宝仏塔《いちぶんぶたほうぶつとう》　無尽意《むじんに》　観世音菩薩《かんぜおんぼさつ》　有如《うにょ》是自在神力《ぜじざいじんりき》　遊於娑婆世界《ゆうおしゃばせかい》　爾時無尽意菩薩《にじむじんにぼさつ》　以偈問曰《いげもんわつ》

読み

即時に観世音菩薩は　諸《もろもろ》の四衆、及び天龍、人非人等を愍《あわれ》んで　其の瓔珞を受け　分かって二分と作《な》し　一分は釈迦牟尼仏に奉り　一分は多宝仏の塔に奉れり　「無尽意よ、観世音菩薩は是《かく》の如き自在の神力ありて　娑婆世界に遊ぶ」と。その時に無尽意菩薩　偈を以って問うて曰く

現代訳

仏の言葉を聞いた観世音菩薩は、すぐに大勢の四衆や天龍、人非人たちの気持ちが分かったので、その瓔珞を受け取ってから二つに分けて、一つは釈迦牟尼仏に差し上げて、もう一つは多宝仏のおいでになる塔に差し上げました。

仏が「無尽意菩薩よ、観世音菩薩は今まで見てきたように、自由自在な威神力があるので、この現実の世界に姿を現わして法を説き救うのです」とおっしゃいました。

その時、無尽意菩薩が偈で質問して言うには、

字義

多宝仏（多宝如来）＝Prabhūtaratna『法華経』の讃嘆者。釈尊が霊鷲山《りょうじゅせん》で『法華経』を説いた時、地中から宝塔が涌出し塔中にいた多宝如来が、釈尊の説法を讃嘆し証明して半座を分けて同座（二《に》仏並坐《ぶつびょうざ》）した。

まとめ

このようにして説法が終結します。

観世音菩薩の称名の功徳で恐ろしい難から逃れ、解脱することができるのですが、「為に観世音菩薩は身を現わして」と説かれる三十三身応現が最も大切なところで、あらゆる人びとのために様々な姿に変化《へんげ》して身を現わし、相手に応じて法を説き（対機説法）救って下さるのです。功徳の一番は変化自在、化土《けど》百身（仏国土に化して百の身を現わす）ということです。観世音菩薩の霊験譚も、どのような要求も聞いて下さるというこの化身の思想が発展し作られたものです。

以上で長行《じょうごう》が終わり、次からは偈《げ》が始まります。

偈《げ》の部

世尊妙相具《せそんみょうそうぐ》　我今重問彼《がこんじゅうもんぴ》　仏子何因縁《ぶっしがいんねん》　名為観世音《みょういかんぜおん》

読み　「世尊は妙相を具えたまえり　我今重ねて彼に問う　仏子は何の因縁によりて　名づけて観世音となすや」

現代訳　「世尊はすぐれた姿かたちをしておられます。私（無尽意菩薩）は今重ねてそのようにすぐれた世尊にお聞きいたします。
仏の弟子は何の因縁によって、観世音と名づけられるのでしょうか」

字義　妙　相＝仏が持つすぐれた身体的特徴。三十二あるとする（三十二相、付録参照）。

解説
観音菩薩の功徳について世尊から長行《じょうごう》で教えを受けた無尽意菩薩が、重ねて今一度、質問をします、という句が偈《げ》の始めです。「妙相」は目的語ですから本来なら動詞の「具」が上にきて「具妙相」となるところを、次の「我今重問彼」の「彼」が下なので、妙相具、重問彼、と韻を踏んで「具」を下にする倒置法になっています。
身金色相《しんこんじきそう》（法の不変を金色であらわす相）、眉間白毫相《みけんびゃくごうそう》（常に光明を放ち、衆生を済度する相）、手足縵網相《しゅそくまんもうそう》（余すところなく衆生を救うための指間の網をもつ相）などの仏の持つすぐれた特色を三十二相（付録参照）といいますが、仏教美術の根拠はこの「世尊妙相具」に含まれているといえます。私たちが仏像を拝むとき、自然に手を合わせたくなるような顔や姿をしていますが、そのようなすぐれた相（外に現われた形）はすぐれた性《しょう》（本質）を持っているからで、この二つは分けることができません。それを性相不二といいますが、そうとすると、どのような顔や姿をしているかが問題になります。

観音菩薩の優しいお顔は優しい心の表われだとして慈悲の相、微笑仏《みしょうぶつ》といいます。不動明王の恐ろしいお顔は心が恐ろしいのではなく、仏の教えを聞こうとしない、悪いことをする人びとを叱って善い方に導こうとする怒りの姿で、これを忿怒《ふんぬ》の相、忿怒仏といいます。前にも述べたように、仏像は大きくこの二つの相に分けられます。善い人に対しては優しい姿、悪い人には恐ろしい姿になるので、慈悲と忿怒は二つであって二つではないので、これを忿慈不二といいます。

人間の場合でも、個人の性と相を見るのに人相、手相、家相などによってその人の持つ性質、運命、力などをある程度知ることができます。この性相と同じようでもう少し心の面に踏み込んだ言葉に「機根《きこん》」があります。「機」はもらったチャンス、「根」は持って生

念怒仏：馬頭観音菩薩（福井・中山寺）

馬頭観音種子

まれた資質に生きている間に様々な能力が加わって、その人と認識できる個性がつくられることで、機と根の合したところに一人の人格（性・相）がつくられるのです。ですから、機と根は一応は分けられますが、安易に分けられるものではないということを機根一体・機根一如といいます。

● 具足妙相尊《ぐそくみょうそうそん》　偈答無尽意《げとうむじんに》　汝聴観音行《にょちょうかんのんぎょう》　善応諸方所《ぜんのうしょほうしょ》

読み

妙相を具足せる尊　偈にて無尽意に答えたもう、「汝よ観音の行の　よく諸《もろもろ》の方所に応ずるを聴け」

現代訳

すぐれた相をすべて具えている世尊は、偈で無尽意菩薩に答えられました。「無尽意菩薩よ、観音の行とはどのようなものか、観音菩薩が人びとの求めにどのように応じるかを聴きなさい」

解説

「妙相を具足せる」が下の「尊」にかかる形容詞句になっています。すぐれた顔かたちを具えていないと仏とはいわない、より易しくいえば、仏は見れば分かる、という意味です。

前述のように、観音菩薩はありがたい優しい姿（微笑仏）ですが、そのありがたいという

微笑仏：観音菩薩
（奈良・法隆寺）

のは必ずしも美男美女である必要はありません。不動明王は火焔を背負った恐ろしい姿をしていますが、このような強い力も仏の持つ力の一つであり、これを威神力といいます。

これまで見てきたところでは、仏の慈悲、優しさがとくに強調されていますが、それらの裏側にある強さ、威神力がなければ真の優しさは出て来ないのです。

人は優しいだけ、あるいは恐いだけでは不十分で、よく父親は怒る役、母親はなだめる役と使い分けをしますが、それでは子供は親の顔色を見てうまく立ち回るようになってしまいます。仏は相手によって慈悲と忿怒の二つを自由に現わせるからこそ尊いのであって、この使い分けをしたら仏教ではなくなってしまいます。それをよくあらわしているのが十一面観音です。すなわち、穏やかな優しい顔の頭上には、中央に静かに無我の境に入っている禅定仏《ぜんじょうぶつ》がいらっしゃり、両側に微笑仏と忿怒仏がいらっしゃることで、人びとのもろもろの願いに応じて、常に衆生を見守っていて下さるのです。私たちも常日頃、自分の感情の赴くままに顔色を変えるのではなく、穏やかな顔と心をもって過ごせるよう心掛けたいものです。

● **弘誓深如海《ぐぜいじんにょかい》　歴劫不思議《りゃくこうふしぎ》　侍多千億仏《じたせんのくぶつ》　発大清浄願《ほつだいしょうじょうがん》**

読み──弘誓《ぐぜい》の深きこと海の如し　劫《こう》を歴《ふ》るとも思議せじ　多きこと千億の仏に侍《じ》

十一面観音菩薩
（福井・羽賀寺）

して　大清浄の願を発《お》こせり

現代訳

観音菩薩の誓いの深く大きいことは海のようで、どんなに長い時間がたってもあれこれ考えたりはしない、千億もの多くの仏に仕えて、一切衆生を救うという大きな清らかな願をおこした。

字義

弘誓＝仏・菩薩がすべての衆生を救うためにたてた弘大な願いで、必ず成就することを誓う。

劫＝想像し得る限りの長い時間を表わす単位。四十里（約一六〇キロメートル）四方の城に芥子《けし》粒を満たして、三年ごとに一粒を取り去り、すべての芥子粒を取り尽くすに至る時間を一劫という（芥子劫）。また、四十里四方の大きな石に三年に一度天女が飛来して、その軽い衣で石を払拭して、ついに石が磨滅し尽くすに至る時間をもいう（払拭《ふっしゃく》劫）。

解説

観音菩薩の誓願は一切衆生を救うための願で、いささかも汚れた思い、たとえば食欲・婬欲などは入っていないので清浄な願いを意味し、前述のごとく、ここに付く「大」の字は自分のためではないことをあらわしています。「上求菩提下化衆生《じょうぐぼだいげけしゅじょう》」という言葉でよく知られているように、自分のためにさとり（菩提）を求めて修行し（自利）、一方では衆生を教え導き救済する（利他）のが観音菩薩です。普通はまず、自分が救われてから他人を救うというように分かれてしまいますが、そうではなくて、自分が仏になるということは我も人も救うことに等しく、これを「自利利他不二」あるいは「自利利他円満」といいます。これを大行といい、とくに心の中にある時は大願といいます。

筆者の恩師・増谷文雄博士は、仏典で「大きい」「浄らか」という形容詞を普通の形容詞と考えてはいけない、名詞や動詞と同じような働きのある形容詞である。「大」の字は一個、一人の場合はいわず、自分と他人の両方あるいは一切衆生を指す時に初めて使える、と言っておられます。衆生済度の大願を起こしたということは、一人も救い残しのないことを誓った観音菩薩の大願なのです。

「歴」は「へる」（口語）ではなく、「ふる」と読みます。また、「思議せじ」と未来形で意志を表示する（意志未来）読み方をしますが、これを「思議せず」とすると現在形の打ち消しになってしまうので、よく注意して頂きたいと思います。すなわち、どんなに長い時間がたっても、仏の言われたことをあれこれ思議（考える）しない、仏への固い信心です。西洋人は考えることを良いこととしていますが、ここでの思議は悪い意味に使われています。「ひとたび決定《けつじょう》すれば百万人といえども我行かん」（一決定万人征《いちけつじょうまんにんしょう》）ということで、この「歴劫不思議」は実にありがたい言葉なのです。

● 我《が》為《い》如《にょ》略《りゃく》説《せつ》　聞《もん》名《みょう》及《ぎゅう》見《けん》身《しん》　心《しん》念《ねん》不《ふ》空《くう》過《か》　能《のう》滅《めっ》諸《しょ》有《う》苦《く》

読み　我汝の為に略して説かん　名を聞き及び身を見　心に念じて空しく過ぎざれば　よく諸《もろもろ》の苦有るを滅す

現代訳　私はあなたのために簡単に説明しよう。観音菩薩の名を聞き姿を見て、心に念じて無駄に過ぎることがなければ、もろもろの苦があってもそれを滅することができるであろう。

字義　如　＝汝の異体字。
心　念＝長く続く心のはたらきと一瞬一瞬の心のはたらき。心…継続的な心のはたらき、相続する心。念…一瞬一瞬の心のはたらき。

解説

観音信仰を持つということは「聞《もん》名《みょう》及《ぎゅう》見《けん》身《しん》」です。私たちが観音菩薩と接する時は六根（眼《げん》・耳《に》・鼻《び》・舌《ぜっ》・身《しん》・意《に》）のすべてで拝みます。お寺の本堂に入って、まず観音さまを眼で見て拝み、「南無観世音菩薩」と唱える声を耳で聞き、鼻で五種香（五種類の香を混ぜたもの）の匂いを嗅ぎます。仏教では生臭ものを嫌うので、それらを避けた食物を舌で味わい、身体で周囲の気配を察知する、いわゆる触角の役目です。これらの五根を統一して判断するのが心（意根《いこん》）で、六つの感覚器官を働かせて観音菩薩と接する、すなわち信仰するわけです。

「心念不空過」の読み方には二通りありますが、「不空」と一つに読むと「空しからずして過ぐれば（無駄ではなく過ぎていけば）」と肯定文になり、「空過」と一つに読むと「空しく過ぎざれば」と否定文になります。ここを肯定文に読むのは間違いで、「心念不空過」と否定文に読むのがここでの正しい読み方です。「空」は副詞、「過」は動詞で、上にある「不」が両方を同時に打ち消しているので、心に念じていることがその時その時に過ぎてしまうのではなく、一瞬一瞬に心にとどまって無駄に過ぎることがなければ、の意にとります。このように、「不空過」をどう読むか、中国語は形容詞と被形容詞、修飾語と被修飾語の関係は実に難しいものがあり、文脈に応じて判断するしかないのです。

「能滅諸有苦」の「能」は副詞の「よく」の意ではなく、主語（観音菩薩）を示すための、本来は助詞である「は」に当たり、実際には下の動詞の「滅」にかかります。「よくなす」の意で、「なす」の方にだけ意味があります。副詞として読むと「十分に」という意味になり、観音菩薩は十分に苦しみを滅ぼして下さるということになります。

「能」は能動形で「する」、それに対して「される」は「所」で、受身の形になります。能所は人間、動物、機械でも同じで、動きのあるものに対して働きかけるのが「能」、働きかけられるのが「所」で、運動の基本的な二つの方向になります。しかし、単に二つの方向というだけなら物理学になってしまいますが、仏教では同じ力の働きかけの方向の違いだとして能所不二といいます。人に良いことをするのと人から良いことをされるのと、いつでも時と場合によって変わるから、能と所は二つであって二つではない、不二であるということなのです。

世の中には人びとが体験するもろもろの苦があるので、「有《う》」の字をつけて「有苦」といいます。もちろん、有苦にも恐れを持ちますが、人間は知恵の動物ですから体験できない苦、無苦に非常な恐れを抱きます。それが虚無苦で、生のいかなる時に来るか分からない死、自分にもやがて死が来ると感じた時、何も無くなってしまうという苦しみや恐れが虚無苦です。それらの苦しみがあったとしても、観音菩薩を心に念じることによって、観音菩薩の力で存在の中にある苦しみ、人生のもろもろの苦しみを滅することができるのです。

● 仮使興害意《けしこうがいい》　推落大火坑《すいらくだいかきょう》　念彼観音力《ねんぴかんのんりき》　火坑変成池《かきょうへんじょうち》

読み　たとえ害意を興《おこ》して　大火坑に推し落とされんに　彼《か》の観音の力を念ずれば　火坑変じて池と成らん

現代訳

たとえ害意をおこした悪人に、大きな火の穴に押し落とされたとしても、あの観音菩薩の力を念ずれば、火の穴は変わって池となるであろう。

字　義

仮　使＝かりに……せしむ。副詞と助動詞が一つになってできた言葉で、仮定形の「かりに」が副詞に固定して「たとえ」となる。読み下しは「たとえ」。

害　意＝相手に害を加えようとする心。悪意はまだ潜在的で、害意は実行に一歩踏み出したことをいう。

推　落＝推はおすこと。おし落とされても。

坑　＝縦長の穴。

解　説

「仮使」(副詞)は「興」と「推落」の二つの動詞が目的語をはさんでいます。かりに誰かが害意をおこしたとしても、大きな火の穴に突き落とされたとしても、と両方にかかって仮定形になっています。それを仮使(たとえ……しても)に含まれている「も」が打ち消しています。このような係り結びの読み方は、江戸時代に固定したようです。筆者の弟の金岡照光(中国文学)は、基本的には平安時代の漢文全盛時代に大体できていたのが、江戸時代に入って送り仮名・返り点などで一般に普及したもので、これは仏教もさることながら儒教の力が大きく関与している、と言っています。寺小屋でも孔子の『論語』をはじめ孟子の書物なども読まれていましたから、送り仮名や返り点などを付けることで、外国の文字を外国語のまま読むことが盛んに行われていたわけです。

次の句の「推落」を「推落せんとも」と能動形に読むのは間違いで、観音菩薩の力を念ずれば、ということなのですから、その前にくる「推落」は「推し落とされようとも」と受身形に読まないと意味が通じなくなります。害意を持った人から大きな火の穴に推し落とされたとしても、と読み、その後が「観音経」の結論である十二または十三の力、すなわち観音菩薩を信じることによって得られる功徳になります。

仏教学のある学者が、「観音経」は実に内容空疎なつまらない経典だ、ただ観音を拝め拝めと言っているだけの観音の力の自画自讃の繰り返しにすぎない、と言っていますが、私はそうは思いません。この十二（十三）回の観音力の繰り返しは実によくできており、単なる繰り返しではありません。最初のものが害意・悪意の禁止を意味していて、害意を持つ人から守ってくれる、人の悪意から救ってくれる、に始まるので、この後に続く十一（十二）回の観音力が生きてくるのです。

「念彼観音力」の「念」には二つの意味があります。一つは憶念で、憶は記憶を意味し、頭の中で念じることをいいます。日本人は念仏というと、「南無阿弥陀仏」や「南無大師遍《へん》照金剛《じょうこんごう》」というように口に出して唱えることをいいますが、本来はそうではなく、頭に記して心中深く念じることをいいます。念仏という語は中国に仏教が伝来（一世紀）して後

阿弥陀如来
（奈良・東大寺）

の概念であり、それ以前は憶念、あるいは祈念という言葉が使われていました。ちなみに、思い浮かべるのを想念、悪い考えを持つのを妄念・邪念といいますが、要するに「念」は思うこと、心を込めることです。

もう一つが、憶念よりも少し軽い意味の念で、これを記念といいます。人間は誰しも、憶えておくといっても時間が経つと忘れてしまうもので、記憶として書き頭にも残しておく、そういった意味で記念という言葉ができたのです。「念」を用いる時、仏教以前のこの二つの使い方が生きて、その上で念仏という言葉ができたといわれています。漢字の成立過程には何段階かがあって、前漢、後漢（大体紀元をはさんで前二〇〇年、後二〇〇年）の時代に多くの字ができましたが、その当時はまだ念仏という言葉はなかったようです。「念」には口に出して唱えるという意味はありませんが、仏の名を口に出して唱えるという仏教での用い方が、逆に中国語に影響を及ぼしたのであろうと漢文学者は見ています。

中国仏教史を見ても、初期では心に仏を念じることを念仏といっていましたが、それが日本に入ってきて口で唱えるという意味になり、念仏の大本山である浄土門では、念仏は心で仏を念じるのが大事なのか、何度も口に出して唱えるのが大事なのか、の論義がなされました。

これについては、前にも少し述べましたが、どのような極悪人でも最後の時に至って「南無阿弥陀仏」と心を込めて一回念じると、その一念は仏に通じて未来永劫救われるとするのを「一念義」といい、そうはいっても人間は弱いものだから一回では駄目で、何度でも唱えなくては救われないとするのを「多念義」といいます。この一念義、多念義の論が出ると、そのどちらも数にとらわれている、それでは仏から遠ざかってしまうから、意識しないで自然に仏の名を唱えるのがありがたいのだ、という一も多も超えた念仏も出てきました。

真言宗においても念仏を唱える人びとがいて、法要の最後に「南無大師遍照金剛」と唱えた後で、「南無阿弥陀仏」と唱えます。これを真言念仏といって江戸時代に盛んに行われました。真言宗なのになぜ「南無阿弥陀仏」と念仏を唱えるのかといった疑問を持たれることと思われますが、真言宗では阿弥陀如来は大日如来（真言宗の本尊）の化身であるとされているのです。また、十三仏（初七日から三十三回忌法要の本尊である十三の仏）の中で、三回忌法要の本尊が阿弥陀如来であり、どの仏を祀り拝んでも差しつかえないからなのです。

筆者も幼少時から苦しいこと、困ったことにあった時、ほとんど反射的ともいうべきほど直ちに「仏さま」（筆者の生家は寺ですので、この場合、仏はご本尊さま）と申します。筆者幼時の生家の寺の本尊は阿弥陀如来、成長時以後の現在の寺の本尊は不動明王です。この本尊の相違について幼少時の筆者が住職である父に、お二人は違うのではないかと質したところ、父は「仏のお顔かたちは異なり、ご性格は違っても、それは薬にも甘い薬と苦い薬があるように、どのような違いがあっても身・心のどこにどのように働くかの違いだけで、必ず本服させて下さることに間違いはない」と教えてくれたものです。

「彼」については様々な注釈がありますが、「観音力」だけでは抽象的で遠いので、自分の身近に観音菩薩を感じた時に、「彼観音力」すなわち「彼（あの）観音さま」という言葉が出るのです。また、観音菩薩の力は考えたり議論したり、筆舌にのせることの不可能な力なので、不可思議力といいます。

観音菩薩は世の中の出来事すべてを見通す力、聞き漏らさない力を持っていて、いつでもわれわれの傍にいて下さるから「彼観音力」となるのです。普通の言葉でいえば智恵、仏教の言葉でいえば般若ですが、しかも単なる智慧＝般若に終わらないのは、必ず救って下さるという慈悲の心があるからで、これを般若に対して方便といいます。般若と方便、智慧と慈悲は、仏にあっては常に二つであって二つではない、二つではないがいつでも二つに開くことができる、これを「二《に》而《に》不《ふ》二《に》・不《ふ》二《に》而《に》二《に》」といいます。

経文の中で、「推落大火坑」を「火坑変成池」と受けています。中国語では未来形の助動詞はほとんど使わず、まして五言絶句なので文字数に制限があり、前後の文から推測するしかありませんが、「変」は「変わって池となる」という現在形や、「変わって池となった」という過去形としてではなく、「変わって池となるであろう」と未来形に読むのが正しい読み方です。日本語でも現在形、過去形に使うこともありますが、大体は未来形に用いる場合が多いのです。観音の力を念じると火の穴が池に変わるであろう、というのですから大変化です。日常生活にとくに「観音経」が生きていた江戸時代では、火の難から免れるというわけで町火消しの人たちにこの偈が信じられておりました。

● **或《わく》漂《ひょう》流《る》巨《こ》海《かい》　龍《りゅう》魚《ぎょ》諸《しょ》鬼《き》難《なん》　念《ねん》彼《ぴ》観《かん》音《のん》力《りき》　波《は》浪《ろう》不《ふ》能《のう》没《もつ》**

読み　或いは巨海に漂流して　龍魚諸鬼の難にあうとも　彼の観音の力を念ずれば　波浪も没すること能《あた》わじ

現代訳　あるいは大海に漂流して、恐ろしい大きな魚やその他の危険な事態に出合っても、あの観音菩薩の力を念ずれば、大きな波、小さな波にも没することはないであろう。

字義　波浪＝水の高低運動。大きな波、小さな波。波…岸近くに寄せる波。浪…沖に立つ波。

解説

これから後にいろいろな災難が起こるのを「或」の字で提起しています。「あるいは」は

三十三観音図
（京都・高台寺）

比較してではなく「たとえ」と同じ意味です。「観音経」の偈はすべて前段の二句が仮定であり、このような目にあったとしても、と条件を二つ立て、三句目がその対策で「念彼観音力」となり、その結果、必ずこうなる（救われる）という結論を導き出しています。このような形式は憶えやすく親しみやすいこともあって、前にも述べましたが、『歌入り観音経』（浪曲）などで広く一般の人びとの間に流布し信仰されました。

「諸鬼」は大きな恐ろしい龍や魚をまとめていった言い方で、新しく鬼が出て来たわけではありません。この鬼は現代人にとっての鬼よりも意味が広く、中国人は死者の魂を鬼と言い、亡くなると鬼籍に入ったと言います。お盆の行事の一つに施餓鬼会《せがきえ》といって、餓鬼道に堕ちて飢えている有縁無縁《うえんむえん》の亡者《もうじゃ》（鬼）に施しをして供養する法会《ほうえ》があります。儒教では魂は見えないからと、幽の字をつけて幽鬼といいますが、中国の清時代の怪奇小説『聊《りょう》斎志異《さいしい》』（蒲松齢の作。十六巻）には、怪鬼妖狐について多くの話が集められています。また、明時代の怪異小説『剪灯新話《せんとうしんわ》』（瞿祐《くゆう》の作。四巻）に影響されて、日本では丸山応挙の幽霊の絵や、浅井了意によって仮名草子の『伽婢子《おとぎぼうこ》』（一六六六年刊。十三巻）などが作られ、なかでも怪談「牡丹灯籠」などは、落語や歌舞伎としてもお馴染みになりましたが、これらは霊の災難、鬼の難について語っています。

江戸時代では、とくに、大海に漂流して様々な難に遭っても、観音さまの力を念ずれば恐ろしい水難から守ってくれる、と信じられていました。

● 或在須弥峯《わくざいしゅみぶ》　為人所推堕《いにんしょすいだ》　念彼観音力《ねんぴかんのんりき》　如日虚空住《にょにちこくうじゅう》

読み　或いは須弥《しゅみ》の峯に在って　人に推し堕とされんに　彼の観音の力を念ずれば　日の如く虚空《こくう》に住せん

現代訳　須弥山《しゅみせん》の山頂にあって、人に押し落とされたとしても、あの観音菩薩の力を念ずれば、太陽のように大空にとどまって落ちることはないであろう。

字義　須弥峯＝サンスクリット語のスメール（Sumeru）の音写。須弥山・妙高山と訳す。ス…妙なる、素晴らしいという接頭辞。メール…高いものをあらわす形容詞からきた名詞。スメールは仏教の宇宙観の中心をなす巨大な山。世界の中央にあり、山の周囲を日と月が回るという（169頁参照）。

為＝……によって。受身の助詞。

所＝受身をあらわす助動詞。場所を意味する「所」ではない。

解説

火の難、水の難に続いて、ここでは人の難の場合をいっています。

不可思議とは、考えたり議論したりすべからずということを意味しますが、可の字を抜くと不思議となり、不思議は理由が分からないのではなく、われわれ人間の知恵では思議できないということです。近年、科学や医学が進歩して、脳のどの部分で何を感じるかということも分かってきましたが、感情についてはまだまだ解明されていないことがたくさんあります。

● 或《わく》被《ひ》悪《あく》人《にん》逐《ちく》　堕《だ》落《らく》金《こん》剛《ごう》山《せん》　念《ねん》彼《ぴ》観《かん》音《のん》力《りき》　不《ふ》能《のう》損《そん》一《いち》毛《もう》

読み　或いは悪人に逐《お》われて　金剛山《せん》より堕落せんに　彼の観音の力を念ずれば
一毛をも損ずること能《あた》わず

現代訳　あるいは悪人に追われて、金剛山より堕落したとしても、あの観音菩薩の力を念ずれば、一本の毛といえども損なうことはないであろう。

字義　被＝受身の助動詞。普通は動詞と助動詞は離れていないが、ここでは、あるいは……せられ、となる。

堕落＝仏教語では仏道を求める心を失うことをいう。

金剛山＝仏教の想像上の高い山。須弥山に同じ。

解説

金剛山（須弥山《しゅみせん》）の周りには四つの大陸があり、南は南贍部《なんせんぶ》州（閻浮提《えんぶだい》）で、ヒマラヤの南に位置するインドをさしていましたが、後にわれわれの住む世界をいうようになりました。東は東勝神《とうしょうじん》州といい、東にある神のように勝れた国ということで中国をさします。西は西牛貨《さいごけ》州で、中央アジアから西アジア方面の牧畜国をいい、貨幣経済ではなく物々交換が行われ、牛が貨幣の代わりだったのです。北を北倶盧《ほっくる》州といい、ロシア領のさらに北部の広大なシベリア地域をさします。インド人には北はヒマラヤまで、その北は不明の地域という時代が長くあって、北方の東寄りに人間がいることが分かったのは七世紀に入ってからのことです。

東勝神州とされた中国からも、大勢の人びとが長く苦しい砂漠の旅をしてインドへ渡りましたが、途中で亡くなった人も多いのです。わが国でもよく知られている小説『西遊記』では、神通力を得た猿の孫悟空が三蔵法師を助けて、多くの危難に遭いながらも妖魔を征服し、無事、インドに至り経典を持ち帰りますが、三蔵法師も難苦のために命を落としかけるたびに観音菩薩を念じたといいます。

このように、経典を求めてインドへ渡った話を取経譚《しゅきょうたん》といいます。主なものでも、五世紀初めの法顕《ほっけん》の『仏国記』、七世紀初めの玄奘の『大唐西域記』、七世紀末の義浄の『大唐西域求法《ぐほう》高僧伝』などがあります。中国人が仏教に求めたもの、より現実的・歴史的な言

取経姿の玄奘三蔵

須弥山図
仏教における宇宙観。宇宙・世界の中心には須弥山（Sumeru）という山があり、その基底は水中に八万由旬（一由旬は約十里＝四十キロ）、水上（地上）に八万由旬で、頂上に帝釈天がある、とされる。帝釈天の位置は金輪の九山八海の中心で、その下は水輪、最下は欲界とされる。典型的な天動説として全仏教圏のほぼ全歴史にわたって信奉されていた。

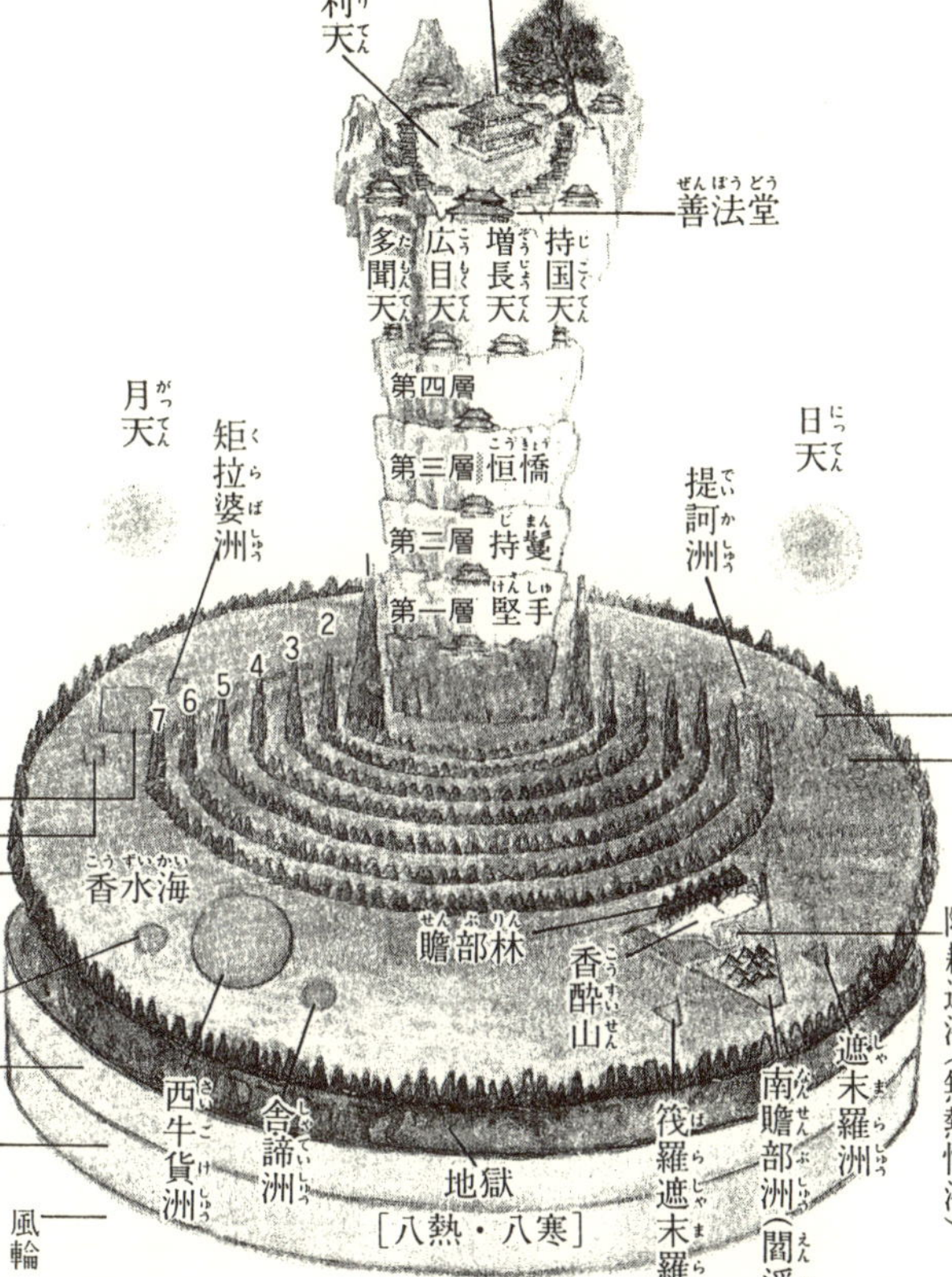

［八熱地獄］

1.等活《とうかつ》地獄
2.黒縄《こくじょう》地獄
3.衆合《しゅごう》地獄
4.叫喚《きょうかん》地獄
5.大叫喚地獄
6.焦熱《しょうねつ》地獄
7.大焦熱地獄
8.無間《むけん》地獄

［八寒地獄］

1.頞部陀《あんぶだ》地獄
2.尼剌部陀《にらぶだ》地獄
3.頞哳吒《あせた》地獄
4.臛臛婆《かくかくば》地獄
5.虎虎婆《ここば》地獄
6.嗢鉢羅《うばら》地獄
7.鉢特摩《はどま》地獄
8.摩訶鉢特摩《まかはどま》地獄

い方をすれば、中国人がインド文化に憧れたのには千年以上の歴史があります。訳経《やっきょう》の最後は明の時代（一三六八―一六六二）といわれますが、このように根気よく外国の文化を求めた民族は他に例はなく、中国の底力を感じます。日本人にも中国から学んだ深い伝統はありますが、公平に評価して、日本人は熱しやすく冷めやすいきらいがあるように筆者には思われます。

●或値怨賊遶《わくちおんぞくにょう》　各執刀加害《かくしゅうとうかがい》　念彼観音力《ねんぴかんのんりき》　咸即起慈心《げんそくきじしん》

読み　或いは怨賊《おんぞく》の遶《かこ》んで　各《おのおの》刀を執って害を加うるに値《あ》わんに　彼の観音の力を念ずれば　咸《ことごと》く即ち慈心を起こさん

現代訳　あるいは怨みを持つ悪人に取り囲まれることに出合って、悪人の一人ひとりが刀を執って害を加えようとした時、あの観音菩薩の力を念ずれば、悪人たちはただちにことごとく慈悲の心を起こすであろう。

字義　値　＝出合う。のちに価値の値《あたい》をいうようになったが、ここでは、出合ったとしても、の意味で未来形の助動詞。

怨賊＝仇をなす賊、悪人。怨…うらみ。憎く思うこと。賊…悪事を行う者、盗人。
不忠の人。

遶＝取り囲む。

咸＝ことごとく。仏典は呉音なので「げん」と読む。

即＝ただちに。

解説

「怨」は持続する悪感情をいいます。菊池寛が作品にした敵討《あだう》ちの本質、敵討ちを支える情熱は、この怨の一字にこもっています。

賊の本来の意味は、貝偏が付いていることからも分かるように、財産を盗むものを賊といったのです。

「各（おのおの）」は主語です。賊の輩が一人ひとり刀を執って害を加えるというような恐ろしいことに出合ったとしても、ということになります。

「即」は、ただちに、すなわち、と読みますが、重要なことは時間の「すなわち」ではなく、論理的な「すなわち」ということです。その例として、真言宗に「我即大日《がそくだいにち》」という言葉があります。この「即」は「私はまだ凡夫だが、近い将来大日如来になる」という時間的な意味ではなく、「私の本質は大日如来と同じである」という意味に使われています。

仏教の他の言葉でいえば仏性のことで、悉有仏性《しつうぶっしょう》（ことごとく仏となる可能性を持っている）というのを真言の立場からいったわけです。我即大日の「即」は「かならず」の意で、時間的にいえば「時をおかず」「ただちに」の意味になります。要するに「即」はかならずただちに慈悲心を起こすということです。

「慈」はサンスクリット語でマイトリー（maitrī）といい、他者へのいつくしみの心、おおらかな愛情をいいます。語源はミトラ（mitra 友）から出ていて、この慈を自分の人格とした人を慈氏（マイトレーヤ Maitreya＝弥勒《みろく》菩薩）といいます。ミトラ（友）→マイトリー（慈）→マイトレーヤ（弥勒菩薩）となり、誰に対しても悪意を持たず友達の心を持っていることをあらわしています。弥勒菩薩信仰は韓国から日本に伝えられた信仰ですが、京都太秦《うずまさ》の広隆寺に安置してある弥勒菩薩半跏思惟《はんかしゆい》像は有名で、ご存知の方も多いと思います。

「悲」の語源はカルナー（karuṇā 呻き声）といい、どんな極悪人でも目の前の子供が川に落ちようとしているのを見た時、「あっ」ととっさに出す声のことで、他者の苦しみを救おうとする意志を表わす言葉です。他者へのいつくしみ（慈）と救済（悲）を合わせた言葉が「慈悲」です。

川に落ちそうになっている子供を見て、科学的興味だけで「あの子は必ず落ちるだろう、あっ、落ちた」と見ていたとしたら、その人は人間離れをしているのであって、そのような悪人はいないという立場を仏教はとります。『瑜伽師地論《ゆがしじろん》』（百巻。ヨーガ行者の修行と

弥勒菩薩種子

弥勒菩薩（京都・広隆寺）

さとりを書いたもの）や『大智度論《だいちどろん》』（百巻。仏教の百科全書といえる）などには、人を殺そうとしている悪人を止めようとして、誤って悪人を殺してしまった場合、その人は地獄に堕ちるか堕ちないかといったことや、その他様々な事柄について書かれています。西洋の論理学において答えを引き出すためにつくった質問を設問といいますが、仏教の論書《ろんじょ》にも設問の良くできたものが数多くあります。

たとえば、仏教の戒律の中で最も重要視されている婬戒などでも設問で答えています。インドのある金持ちの一人息子が結婚したのですが、息子は釈尊に帰依して出家してしまい、跡取りのいなくなったことを嘆いた母親が、嫁に着飾らせて息子のいる精舎《しょうじゃ》の近くへ連れて行き、息子を呼び出して嫁に誘惑させた話が仏典にあります。これが仏教における邪婬戒の始まりです。それまでは釈尊は弟子の自由に任せていたのですが、そのような母親や嫁が出たために婬についての戒を定めたのです。「あらゆる宗教は男女の問題に偏見を持っている、釈尊もキリストも初めから女性を警戒していた」と、ろくに仏典を読んでいない人があるとき批判したことがありますが、とんでもない誤解です。弟子たちが問題を起こすたびに戒を定めていったので、これを随犯随制《ずいぼんずいせい》といいます。

仏教は性善説か性悪説かとよく聞かれますが、性善説を主張する人びとのグループを性善法門といい、真言宗などもこのグループに入ります。反対に、人間はそのままでは悪い方向へ行ってしまうとする立場を性悪法門といい、天台宗はこの立場をとる流れもありますが主流は性善法門です。天台宗の流れをくむ、性悪法門の立場に立つ浄土宗の法然、親鸞の両上人は、人間は自分を捨てて仏の計らいに任せるとしています。このように、仏教には性善説、性悪説をとる二つの立場がありますが、いずれにしても仏教における最後の希望、仏のわれわれ人間に対するありがたい約束の言葉は「成仏」です。悉皆成仏《しっかいじょうぶつ》といって、誰でも一人残らず成仏できるとしています。

● 或遭王難苦《わくそうおうなんぐ》　臨刑欲寿終《りんぎょうよくじゅしゅう》　念彼観音力《ねんぴかんのんりき》　刀尋段段壊《とうじんだんだんね》

読み　或いは王の難苦に遭い　刑に臨んで寿《じゅ》終わらんとするも　彼の観音の力を念ずれば　刀尋《つ》いで段段に壊《お》れん

現代訳　あるいは権力者に捕えられて、刑に処せられ寿命が終わろうとする時に、あの観音菩薩の力を念ずれば、首を切ろうとした刀はあいついでばらばらに壊れてしまうであろう。

字義　遭＝遭遇。思いがけなくあう。遭…めぐりあう。遇…たまたま出合う。
尋＝つぐ。前のものをつぐこと。

解説

「王難苦」とは、王が難苦に遭うのではなく、王によって人びとが苦難に遭うことをいい、ここでは王は災難の代名詞になっています。これはたとえば日本でも、鎌倉時代に日蓮上人が『立正安国論』を幕府に奏上し非難したために、危険な思想だとして伊豆へ流されましたが、そのような災難のことです。

「欲」は動詞ではなく未来形の助動詞で、「……するも」と読みます。この時代の漢文では欲望の欲を「ほっする」と読むことは稀で、「……せんとす」の「す」に当たります。英語でいえばウイル（will）、シャル（shall）の意で未来を示し、主語によって単純未来を表わしたり意志未来を表わしたりするのと同様です。

「刀尋段段壊」は浪曲『歌入り観音経』でも一番さわりの部分で、以前は誰でも知っていた有名な句です。刑罰を受けて首を斬られようとした時、観音菩薩の力で刀は根元から先まで相ついでだんだんに折れてしまう、という意味で、この句の通り日蓮上人が竜口《たつのくち》で斬られようとした時、雷により刀の刃が毀れたと伝えられています。

● **或囚禁枷鎖《わくしゅうきんかさ》　手足被杻械《しゅそくひちゅうかい》　念彼観音力《ねんぴかんのんりき》　釈然得解脱《しゃくねんとくげだつ》**

読み――或いは囚人となりて枷鎖《かさ》に禁ぜられ　手足に杻械《ちゅうかい》せらるとも　彼の観音の

力を念ずれば　釈然《しゃくねん》として解脱するを得ん

現代訳

あるいは囚人となって首かせや鎖で体を縛られ、手かせ足かせをかけられようとも、あの観音菩薩の力を念ずれば、体を縛りつけていたものがすべて解けて自由の身になるであろう。

字義

枷　鎖＝罪人を繋ぐ最も苛酷な刑具。枷…首かせ。鎖…金属製の環を繋ぎ合わせたひも状のもの、くさり。

杻　械＝手足の自由を奪う刑具。杻…手かせ、手錠。械…かせ。手かせ足かせ。

解説

ここでもまた「或（あるいは）」と、この世で起きる災が続いて示されます。「囚」は主語あるいは動詞の両方にとることができ、動詞だと「囚えられて」、名詞だと「囚人」となります。ここでは、韻文なので字数が限られるため「人」が略されているととって、「囚人となりて」と読みます。これも名詞と動詞の区別が難しい中国語の特色です。

「杻」も「械」も時代によって少し意味が異なるようですが、大まかにいって杻は手の自由を奪うことで手かせ、械は手かせ足かせを意味するかせで、機械という語があるように、鉄で作った細工物の総称です。とくに、それが人間の自由を束縛する場合には杻よりも意味が強くなり、手足を縛ることをいいます。それに「被」という受身の代名詞がありますから、杻せられ械せられても、となります。

「釈然」の「釈」は、疑問なく、すっかり、を意味し、「然」は副詞をつくる時によく用いられる語尾で、「その状態に」ということで、これまでの恨みやこだわりがすべて消えることをいいます。

「得解脱」の「解」は、いろいろな苦しみから解き放たれること、「脱」も同様な意味ですが、自分を取り巻く様々な悪い環境まで含めてそこから脱け出すことをいい、解より脱の方が意味が深重なのです。たとえば、敵に包囲された危険な状況から軍隊が脱け出すことを脱出といい、大きな力から自由の身になることをいいます。

ここでいう解脱は、縛られて体の自由を奪われた状態から、観音菩薩の功徳力により、すっかり解き放たれたことをいっているので、精神的なさとりを得るという解脱ではありません。

● 呪詛諸毒薬《しゅそしょどくやく》　所欲害身者《しょよくがいしんしゃ》　念彼観音力《ねんぴかんのんりき》　還著於本人《げんじゃくおほんにん》

読み
呪詛《しゅそ》と諸《もろもろ》の毒薬に　身を害《そこな》われんと欲《せ》られん者は　彼の観音の力を念ずれば　還って本の人に著《つ》きなん

現代訳　いろいろな呪いや毒薬で、身体を害われるとしても、あの観音菩薩の力を念ずれば、その呪いや毒薬は呪った本人に還りつくであろう。

字義　呪詛＝他人の不幸を祈る呪い、まじない。呪…いのる。のろう。まじなう。詛…のろう。ちかう。
還＝かえる。かえす。

解説

観音菩薩の八番目のご利益は「呪《しゅ》」で、これはサンスクリット語のダーラニー（陀羅尼dhāraṇī）を訳したものです。中国における呪は秘密語を意味していましたが、その効果作用が陀羅尼と相通じているので呪と訳すようになったのです。

宗教学の人びとが「呪」を「マジック」と訳していますが、ここでマジックのもとの意味を見てみましょう。フランスのレヴィ・ブリュールは、キリスト教や仏教のような体系的宗教や未開宗教でも、人間には科学や文明で使っているマジックとは違うもう一つの法則があると言い、それを「ロア・ドゥ・パーティシパシオン（未開人の理解の法則）」と呼んでいます。それはあるものの中にもう一つのものがひとりでに入り込むことで、たとえば、壁があってもその中を通り抜けて隣室へ行くような、常識では考えられないこと（超常現象）をいいます。

ハ　ラ　ソウ　ギャ　テイ　ボウ　ジ　ソワ　カ

未開人がものを考える時、どのような物理的障害があってもそこをパーテシペーすることによって越えることができるのです。人間が病気に罹った時、治るのも死ぬのも当人の運命ですが、未開社会における医者は、患部に手をかざすことによって患者の悪いところを自分の手の中に集めて、さらにその手、心臓を通して神に吸い取ってもらって病気は治るとしています。

ブリュールはまた、未開人たちの間で悪病が流行したときに、われわれは調和を保ち悪いことをしていないにもかかわらず、なぜか、いつからか、と詮議をして、三カ月前に白人（宣教師）が来たからで、その原因を取り除けば病気は治るとして白人を殺してしまった、というような話を集めて『未開社会の思惟』と題して出版しています。この書は日本でも翻訳出版（小山書店）されていますが、これを読むと人間がものを考える時、どう考えるかがよく分かります。

この八番目は、他人を呪うとその呪いは自分にもどってくる、ということをいっていて、「人を呪わば穴二つ」ということわざの出典となっています。

● 或《わく》遇《ぐう》悪《あく》羅《ら》刹《せつ》　毒《どく》龍《りゅう》諸《しょ》鬼《き》等《とう》　念《ねん》彼《ぴ》観《かん》音《のん》力《りき》　時《じ》悉《しっ》不《ぷ》敢《かん》害《がい》

読み―　或いは悪しき羅刹《らせつ》、毒龍、諸の鬼等に遇わんに　彼の観音の力を念ずれば

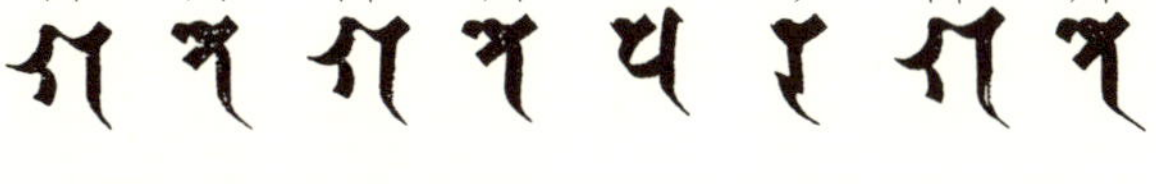

時に悉《ことごと》く敢えて害《そこな》わざらん

現代訳　あるいは悪羅刹や、人に害をなす毒龍、もろもろの鬼など——に出合ったとしても、あの観音菩薩の力を念ずれば、どんな時にでも、いかなる人にも害を及ぼされることはないであろう。

字　義　毒　龍＝毒を吐くというだけではなく、それ自体が悪の本という意。人に害をなす龍。

解　説

ここでは主語が示されていませんが、観音を念じ、仏道に精進している人がそれで、もしも精進している人が仏道修行にさまたげをなす羅刹や毒龍、もろもろの悪鬼に、までが第一句の「遇」＝出合っても、にかかってきます。

ここまでを七難消除の句といい、火難・水難・羅刹難・刀杖《とうじょう》（または王）難・悪鬼難・伽鎖難・怨賊難の七つをさしますが、これは災難の代表的なものです。どんな時でも、どんなものに出合ったとしても、観音さまを念ずれば助けて下さるということです。

若悪獣囲遶《にゃくあくじゅういにょう》　利牙爪可怖《りげそうかふ》　念彼観音力《ねんぴかんのんりき》　疾走無辺方《しっそうむへんぽう》

読み　若しも悪獣に囲遶《いにょう》せられ　利《と》き牙爪《げそう》の怖る可きに　彼の観音の力を念ずれば　疾《と》く無辺の方に走りなん

現代訳　もしも恐ろしい獣に取り囲まれ、鋭い牙や爪にかけられようとしても、あの観音菩薩の力を念ずれば、その悪獣は果てのないもろもろの彼方へ速く走り去るであろう。

字義

囲　遶＝ぐるりと取り巻く。囲…かこむ。遶…かこむ。めぐる。

利　＝するどい。鋭利の利のこと。

疾　走＝速く走る。疾…はやい。尋常でないことをいう。

無　辺＝一所でない方向。諸方。広く果ての無いこと。

解説

ここでも主語は示されていませんが、それは人間で、取り囲んでいるのは悪獣ですから、「囲遶して」ではなく「囲遶されて」と受身に読み、もしも悪獣に取り囲まれて、となります。続く部分も同じように悪獣たちが逃げ去って行く、ということです。

● 蚖蛇及蝮蝎《がんじゃぎゅうぶっかつ》　気毒煙火燃《けどくえんかねん》　念彼観音力《ねんぴかんのんりき》　尋声自廻去《じんしょうじえこ》

読み

蚖蛇《がんじゃ》及び蝮蝎《ぶっかつ》　気毒《けどく》煙火と燃えるに　彼の観音の力を念ずれば　声に尋《つ》いで自ら帰り去らん

現代訳

いもりや蛇およびまむしやさそり、それらが毒気を煙火のように吐いても、あの観音菩薩の力を念ずれば、その声を聞いて蛇やまむしたちはみな自ら逃げ去って行くであろう。

字義

蚖蛇＝いもりとへび。蚖…いもり。

蝮蝎＝まむしとさそり。蝮…まむし。蝎…さそり。

煙火＝まむしや蛇の毒をあらわしている。

尋＝ついで。応じて。名詞ではなく動詞に読む。

解説

蛇は仏典に数多く出てきます。そこでは蛇類の怖さが書かれています。まむしも蛇と同じように考えられていますが、現代の学問では蛇は卵生、まむしは卵胎生なので蛇の中でも特殊ですが、ここでも区別しています。気毒、煙火も蛇から出るもので、蛇の持っている気（生気・霊気）を往時の人は感じていたのでしょう。気の中に毒が含まれているとして気毒・毒気といい、目には見えないが強い力を持っているので火に例えています。これは古代人や中世人の想像力の旺盛さのなすところで、今日の私たちはいくら蛇を見ても火や煙を吐くとは思えません。昔の絵に蛇が舌を出して人間に向かっている光景がありますが、これは毒気を出している様子をあらわしているのです。

雲雷《うんらい》鼓《く》掣電《せいでん》　降雹《ごうばく》澍《じゅ》大雨《だいう》　念彼《ねんぴ》観音力《かんのんりき》　応時《おうじ》得《とく》消散《しょうさん》

読み　雲りて雷鼓り掣電《いなずまひらめ》き　雹《ひょう》を降らし大雨と澍《そそ》がんに　彼の観音の力を念ずれば　時に応じて消散することを得ん

現代訳　どんなに雷が鳴り稲妻が光り、雹が大雨のように降りそそいでも、あの観音菩薩の力を念ずれば、いついかなる時でもそれらの災難は必ず消散してしまうであろう。

字義　雷　鼓＝雷のとどろく声。鼓…つづみ、たいこ。雷の音をあらわす。
掣　電＝稲妻。光陰が過ぎ去り留まらないさま。掣…ひく。ひかえる。

同じ災難の中でも、ここでは嵐の難です。雷はゴロゴロと鳴り、闇を裂いて稲妻が光ります。中国、日本における雷の絵を見ると、鬼が背にたくさんの大鼓を背負っていますが、インドの雷神は前に大鼓を二つ持っているだけです。いずれも下半身に虎の皮の下着を着けていますが、これは虎の力が雷の力を補うためと思われます。

大災害を天変地異といいますが、天変は天が与えた災難、地異は大地がわれわれに向けた災難です。ここではこれらの難を除く観音菩薩の功徳力が説かれています。それは観音菩薩が菩薩になってから、あるいはそれ以前から身につけ積んできた無量の功徳の力のことをいい、菩薩になってからはその功徳がすべて観音菩薩の一身上に力となり備わって、いついかなる時でも、観音菩薩の名前と力を念ずる人の身に返ってきて、無量の力を加えて下さることになるのです。

観音の念ずるところは、他のすべての菩薩の功徳と同じく、すべての人の苦を救うことに他なりませんから、観音を念ずる功徳とは、その観音の力によって世のすべての苦しみから救われることなのです。

以上で観音菩薩の功徳力についての説明が終わって、次からは観音菩薩の智慧の説明に入ります。

衆生被困厄《しゅじょうひこんやく》　無量苦逼身《むりょうくひっしん》　観音妙智力《かんのんみょうちりき》　能救世間苦《のうぐせけんく》

読み　衆生《しゅじょう》が困厄せられ　無量の苦身に逼《せ》まるに　観音の妙智力　能《よ》く世間の苦を救わん

現代訳　衆生が様々な困難にあい、量り知れない苦しみが身に迫ることがあっても、観音菩薩の不可思議な力は、よく世間の苦しみから救ってくれるであろう。

字義　妙智力＝仏の持つ不可思議な智慧の力。仏智。妙…不可思議、考えられないこと。智…智慧。プラジュニャー（prajñā 般若）。一切の現象やその背景にある理法を正しく理解する認識作用。

解説

ここから、観音菩薩の妙智力の説明になりますが、文章の作り方は同じです。「衆生《しゅじょう》が困厄せられ、無量の苦しみが身に迫ろうとも」が条件になっています。誰によって苦しめられているのかというと、世間の暴力によってですが、それが略されています。

ここでは「人びとが苦しみ、困り、災厄にあい、数えきれないほどの苦しみが身に迫っても、観音の不思議な智慧のはたらき（妙智力）はそれらすべての人びとの苦しみ（世間苦）を救うことができるであろう」と述べています。

世間苦というものは、この世にある一切の苦に他なりませんから、一口に尽くすことはできません。しかし、観音菩薩は人生の生理的約束である「生《しょう》・老・病・死」の四苦から、「愛別離苦《あいべつりく》・怨憎会苦《おんぞうえく》・求不得苦《ぐふとくく》・五陰盛苦《ごおんじょうく》」のごとき社会的な四つの苦しみ（合わせて八苦）に至るまで、およそ限りなき人の苦しみのすべてを消除しないではおきません。

これまで繰り返し述べてきたように、観音菩薩が慈悲の仏ということは人のよく知るところですが、慈悲の仏というだけですと、優しければみな観音さまかということになってしまいます。そうではなくて、観音菩薩の智慧は非常に強く、しかも普通の知恵ではないからこそ、不可思議な智慧、すなわち妙智力というのです。仏の力を説明する時に、〇〇妙如来、〇〇妙菩薩というように「妙」がよく用いられますが、妙の本来の意味は、思惟すべからず、考えることができない、ことをいいます。サンスクリット語のプラジュニャーの音写で「般若」というのが仏の智慧ですが、その智慧は普通では考えられない不思議な力を持っているのです。

● 具足神通力《ぐそくじんずうりき》　広修智方便《こうしゅうちほうべん》　十方諸国土《じっぽうしょこくど》　無刹不現身《むせつふげんしん》

読み

神通力《じんずうりき》を具足し　広く智方便を修して　十方の諸国土に　刹として身を現

ぜざることなし

現代訳　観音菩薩は神通力を十分に備えて、広く智慧の手段を巡らし、十方のどこにでも、すぐに身体を現わして下さる。

字　義　神通力＝禅定《ぜんじょう》（心を安定させること）などによって得られる神変不可思議（人力以上の思いも及ばない力の働き）で無礙《むげ》（さしさわりがなく自在）なる力のこと。これには六つあって六神通という。神足通（自在に飛行できる力）・天眼通《てんげんつう》（肉眼では見えないものを見通す力）・天耳通《てんにつう》（普通では聞こえない音声を聞く力）・他心通（他人の心を知る力）・宿命通《しゅくみょうつう》（過去世のことを知る力）・漏尽通《ろじんつう》（煩悩を断つ力）のこと。

方　便＝近づく、到達するの意。よい方法を用いて衆生を導くこと。

刹　　＝ごく短い時間、瞬間。

解　説　観音菩薩の智慧は世間・出世間《しゅっせけん》の苦しみを救う力、苦しみから出離させる力を備えています。「広修智方便」という、この文句が観音菩薩は智慧と慈悲によって人びとを救って下さる、悪いことでなければどのような願いも聞いて下さることを示しています。虐げられた人が恨むことは知っていて、恨みをもっともだと思えば力を貸して下さいますが、自分のことを棚に上げて人を恨む時は観音さまは窘《たしな》められるのです。

方便は般若（仏の智慧）を諸方に広める手立てで、般若と方便は、分ければ二つになるがいつでも一つになる、一つであるが二つに分けることができる、というのでこれも二而不二・不二而二です。

● **種種諸悪趣《しゅじゅしょあくしゅ》　地獄鬼畜生《じごくきちくしょう》　生老病死苦《しょうろうびょうしく》　以漸悉令滅《いぜんしつりょうめつ》**

読　み　種々の諸の悪趣　地獄、鬼、畜生　生老病死の苦も　以て漸《ようや》く悉《ことごと》く滅せしめん

現代訳　様々な悪い姿や、地獄の鬼や畜生たちや、生老病死の苦しみにあっても、観音菩薩の智慧によってそれらの苦しみは次第にことごとく滅されるであろう。

字　義　悪　趣＝悪道。趣はおもむくの意。悪業を積んだ者が来世に赴き生じ苦の果報を受けるところ。三悪趣…地獄・餓鬼・畜生。

生老病死＝人間の持っている主な苦悩を四種に分けたもの。四苦。

以　＝もって、接続詞。

解説

人間がこの世に現われるにあたっては、自分でその姿も形も選べるものではありません。男も女も秀才を願い、美男美女を願うかも知れませんが、実際にはそれらの願いは叶わないかも知れません。われわれは、来世は地獄の鬼や畜生たちに生まれ落ちるかも知れず、万一、人間に生まれたとしても、生・老・病・死の苦しみはついて回ることでしょう。

しかし、人として生まれ、観音菩薩の慈悲の智慧に念ずることを知ったならば、われわれは観音菩薩の知慧によって次第に悪い姿から離れ、様々な苦しみがすべて滅ぼされ、生かされることになるであろう、とここでは説かれており、これこそまさに「観音経」のエッセンスであり、その結論ともいうべきところです。

● 真《しん》観《かん》清《しょう》浄《じょう》観《かん》　広《こう》大《だい》智《ち》慧《え》観《かん》　悲《ひ》観《かん》及《ぎゅう》慈《じ》観《かん》　常《じょう》願《がん》常《じょう》瞻《せん》仰《ごう》

読み　真の観、清浄《しょうじょう》の観　広大なる智慧の観　悲の観及び慈の観　常に願い常に瞻《あお》仰《ぎみ》るべし

現代訳　真実を見る清らかな見方は、広く大きな智慧の見方、慈悲の見方で、常に観

音菩薩の慈悲を願い仰ぎ見るのである。

字義　瞻仰＝仰ぎ見る。瞻…みる。

解説

真に観音信仰を持っている人は、自分の好きな人、役に立つ人だけに優しいのではなく、すべての人を友と見て誰にでも優しい気持ちを持つことができるのです。

「観」の意味の広い解釈が出てきたところです。観は特定のものを決めてよく見ることをいいますが、では特定のものとは一体、何かというと、それは音を観ることです。前述しましたが、本来、音は聞くもので見ることはできないはずで、見る対象はないのかというとそうではなく、世間一般を広く大きな智慧で観ることをいいます。さらに絞れば、欲得ではなく真実に清らかなものを見抜く力、そのように見る見方は、広大な智恵によって見る見方に他ならず、具体的にいえば、悲しみを共にし、友愛（慈）ができることに他なりません。人びとは心中に常に観音菩薩の慈悲を願い、理想として常に観音を仰ぎ見るという信仰を持たなくてはならないのです。観音菩薩を信仰する人は、同じ信仰を持つ人に優しいだけでなく、すべての人に対して広大な智恵の見方を持つことができるようになるのです。

以上、観音菩薩のものの見方は真実の見方であり、清らかなものの見方であり、広く大きな智慧の見方であり、共観（悲観）であり、さらには優しさのある見方（慈観）であるといえます。こういうものの見方こそ、観音のものの見方なのであるから、このようなことを願い、仰ぎ見るべきである、と説かれています。

● 無垢清浄光《むくしょうじょうこう》　慧日破諸闇《えにちはしょあん》　能伏災風火《のうぶくさいふうか》　普明照世間《ふみょうしょうせけん》

読み　無垢清浄の光　慧日《えにち》は諸の闇を破り　能く災いの風火を伏して　普《あまね》く明らかに世間を照らす

現代訳　観音菩薩の持つけがれのない清浄な光、智慧の光はもろもろの無明の闇を打ち払い、災いの風火をよく治めて、あまねく世間を明るく照らすのである。

字義　無　垢＝煩悩の汚れのないこと。清浄。

慧　日＝智慧の光。仏の智慧、人間の知恵ともにいう。

諸　闇＝人間の心を暗くする煩悩のこと。無知、無慈悲、欲望、邪見など。

解説

観音菩薩は慈悲の仏ですが、慈悲と智慧は不二なので、観音菩薩の智慧は無明の闇を打ち払って、この広い世間をあまねく照らしてくれるのです。

仏は自分と他人を分けへだてることはなく、これを生仏《しょうぶつ》不二（衆生と仏は分けられない）・自他不二といいます。

「諸闇」で煩悩、不幸をあらわし、「照世間」はこの世そのままが仏の世であるということをあらわしています。衆生の世と仏国土は別のものではない（凡仏不二）ということです。

● 悲体戒雷震《ひたいかいらいしん》　慈意妙大雲《じいみょうだいうん》　澍甘露法雨《じゅかんろほうう》　滅除煩悩燄《めつじょぼんのうえん》

読み　悲の体《すがた》の戒は雷震のごとく　慈の意《こころ》の妙なるは大雲のごとく　甘露の法雨を澍《そそ》ぎ　煩悩の炎を滅除す

現代訳　慈悲の本体である戒は雷や地震のように、慈悲の心はすぐれた大きな雲のように、人びとに仏の教えを甘露の雨のように注ぎ、煩悩の炎を滅し除くのである。

字義　悲　体＝慈悲の本体。
澍　＝ほどよい時に降って万物を潤す雨。うるおう。そそぐ。

甘　露＝サンスクリット語のアムリタ（amṛta）の訳。不死、天酒。仏の教えにたとえている。

解説

ここは観音経の中でもいちばん音がよく、この偈が好きだという方も多いところです。悲の本体のあるべき姿である戒は、雷や地震のごとくであって、計り知れない大きな力があります。

戒とは、文字で分かるごとく、「身を戈《とど》（＝止）める」を意味し、わが身の悪を止め、第三者（人）の悪を止めることです。今日の言葉に置き換えれば、金子武蔵《たけぞう》先生のいわれる「自己倫理と対他倫理」の双方をさします。

これは仏教――さらには、東洋の哲学・宗教の立場に還れば、自己と他者の区別のない自他不二こそ出発点であり帰着点ですから、この自他不二をめざすのが慈悲という修行であり、その果が仏という境地です。仏の境地に立つとき、仏の示す通りに実行するのが戒となり、その気持ちがわれわれにうつされるのが慈悲心です。

悲と戒は、一見すると別体のように思えますが、決してそうではなく、悲《あわ》れみの心を持っている人が、自分の体を浄らかに保つのが戒です。戒のない人に慈悲はできません。自分を保つことが浄らかであって初めて、他人に優しくなれるのです。

仏画で雲に乗った仏さまの姿をよく見かけますが、妙大雲はすぐれた仏の働きをあらわし、慈しみの雲、瑞雲《ずいうん》にたとえています。四季のある日本では考えられないことですが、灼熱の大地のインドではカラカラ天気は地獄、シトシト降る雨は最大の慈しみです。それにたとえて、仏の教えが甘露のように絶え間なく優しく衆生に注がれ、その結果、煩悩の炎を消してくれるというのです。

慈悲
- 慈…心　心を優しく持つ
- 悲…行＝戒　行をいつでも持つ（身につけている）

● 諍訟経官処《じょうしょうきょうかんしょ》　怖畏軍陣中《ふいぐんじんちゅう》　念彼観音力《ねんぴかんのんりき》　衆怨悉退散《しゅおんしったいさん》

読み　諍訟《じょうしょう》は官処を経て　軍陣の中に怖畏せんに　彼の観音の力を念ずれば　衆《もろもろ》の怨悉く退散せん

現代訳　訴え争うことは裁判所の弁論から始まり、ついには戦いになり恐れおののいていても、あの観音菩薩の力を念ずれば、もろもろの恨みはことごとく退散するであろう。

山越阿弥陀図
（京都・禅林寺）

字義

諍訟＝訴え争う。諍…訴える、争う。訟…訴える。公の場所で言い争うこと。

経＝へて。動詞。

怖畏＝おそれる。怖…おそれる。おののく。畏…おそれる。

解説

観音菩薩の功徳力をここでもう一度述べています。前出の十二と合わせて、全部で十三の観音菩薩のお力が示されているわけです。争いごとが大きくなり戦となって全身で恐れおののいていても、観音菩薩を信じ拝めば人間の持つ恨みはなくなってしまうのです。

● **妙音観世音《みょうおんかんぜおん》　梵音海潮音《ぼんのんかいちょうおん》　勝彼世間音《しょうひせけんのん》　是故須常念《ぜこしゅじょうねん》**

読み

妙音の観世音　梵音《ぼんのん》の海潮音の如し　勝れたる彼の世間の音　是《こ》の故にすべからく常に念ずべし

現代訳

すぐれた声を発する観世音菩薩、浄らかなその声は海の潮騒のようにいつでも聞こえ、世間に鳴り響いている勝れた声である。その声（説法）はいつでも聞くことができるのだから、常に観音菩薩を念じていなければならない。

字義

梵音＝仏の声。梵…汚れのない。清浄。

音（世間音）＝声と同意。サンスクリット語のシャブダ（śabda）を音声と訳した。

音…物理的な音。声…生理的な音。

解説

ここで再び観音菩薩を讃えています。観音菩薩の声はどんなに小さく低くても、聞こうと思えばいつでも誰にでもどんなに騒がしいところにいても聞こえ、その勝れた説法を聞くことができるのですから、ここでは常に観音菩薩を念じ信じることの大切さを説いています。

● 念念《ねんねん》勿《もつ》生《しょう》疑《ぎ》　観《かん》世《ぜ》音《おん》浄《じょう》聖《しょう》　於《お》苦《く》悩《のう》死《し》厄《やく》　能《のう》為《い》作《さ》依《え》怙《こ》

読み

念念に疑いを生ずる勿《なか》れ　観世音浄聖は　苦悩死厄に於いて　能く為に依《え》怙《こ》をなす

現代訳

一刻も疑いを生じてはならない。観世音菩薩は浄らかで尊く、苦しみ悩み死や厄を恐れている人びとを、常に慈しみよく見守っているのである。

字義

念　念＝きわめて短い時間。一刻。

浄　聖＝浄らかで尊い。浄…きよらか。聖…ひじり。徳のある人。

依　怙＝頼るべきもの。依…よる。たのむ。いつくしむ。怙…たのむ。たよる。

解説

観音さまは必ず願いを聞いて下さるから、たとえ一刻でも疑ってはならないのです。観音菩薩は常に浄らかで聖である、といっていますが、この浄と聖については、以前に述べた通りです。

「苦悩死厄」について説かれていますが、苦は生理的な苦しみであり、悩は心理的な苦しみをさします。身心の苦しみの最後が死で、死は生理的な苦ですが、厄は社会的な、いわゆる人間の集合体としての社会に起こる悪で、個人ではどうにもならない苦をいいます。厄は存在しないと言う仏教学の学者も多くいますが、厄年とか災厄（災＝物理的、厄＝生理的・社会的）という言葉があるように、いつ来るかは分からないが厄はあると筆者は思います。

「依怙《えこ》」は、一方にだけ味方をする時に使われる依怙贔屓《ひいき》という言葉がありますが、ここでは悪い意味ではなく、上の人が下の人に指示するという「依怙の沙汰」で、恩恵を与える、慈しむ、という本《もと》の意味をとって、心をその人に留める、その人の依りどころとなるということをあらわしています。

● 具《ぐ》一切《いっさい》功徳《くどく》　慈眼《じげん》視衆生《じしゅじょう》　福聚海無量《ふくじゅかいむりょう》　是故応頂礼《ぜこおうちょうらい》

読み　一切の功徳を具し　慈眼をもって衆生を視る　福聚《ふくじゅ》は海の如く無量なり　是《こ》の故に応《まさ》に頂礼《ちょうらい》すべし

現代訳　観音菩薩はすべての功徳を具えて、慈しみの眼をもって衆生を見守っている。その福徳は海のように広く量ることができない。そうであるから観音菩薩を敬って必ず礼拝しなければならないのである。

字義　福聚＝ほとけの福徳。福…ほとけの持つ功徳のこと。聚…あつまる。あつまり。
応＝（強制力の強い）まさに。必ずの意。
頂礼＝インド古代の最敬礼。五体投地ともいう。頭を地につけて礼拝すること。

解説

福は、ほとけの持つ有形無形の徳や功徳のことであり、「福聚海無量」とは福の種類・数が無限・無量であることをいっています。福は抽象名詞ですが、「もろもろのあつまり」をあらわす「聚」を付けて「福聚」という複数の意味を出し、これに無量であることをあらわす海という字を加えたと読めば、福聚海は名詞となり、「福聚の海は無量である」という意味にもとれるし、また海を比喩とすれば「福聚は海のごとく無量である」という文章とも読むことができます。そのいずれの意味にとっても、「福徳のすぐれたること海のごとし」になります。

「もろもろの功徳は海のように豊かであって」という、この「福聚海無量」は、まさに観音経の約言《やくごん》（長い言葉を集約して一つにまとめたもの）であり、これはつまり『法華経』の結論でもあります。

●

爾時《にじ》　持地菩薩《じじぼさつ》　即従座起《そくじゅうざき》　前白仏言《ぜんびゃくぶつごん》　世尊《せそん》　若有衆生《にゃくうしゅじょう》　聞是観世音《もんぜかんぜおん》
菩薩品《ぼさつほん》　自在之業《じざいしごう》　普門示現《ふもんじげん》　神通力者《じんずうりきしゃ》　当知是人《とうちぜにん》　功徳不少《くどくふしょう》

読み

その時　持地菩薩は　即ち座より起ちて　前《すす》みて仏に白《もう》して言《もう》さく、「世尊よ、若し衆生の　是の観世音菩薩品の自在の業たる　普門示現の神通力を聞く者あらば　当に是の人の功徳は少なからざることを知るべし」と

現代訳

仏が以上の偈《げ》をおっしゃったあとに、お聞きしていた持地菩薩は、間をおかずにその場から立ち上がって、次のように申し上げました。「世にも尊い人よ、

衆生の中に、この観音菩薩の、どういうことも自在にできるはたらき、すなわちすべてに通ずる不可思議な力をあまねく示したこの観世音菩薩品を聞くものがあったならば、その人の功徳はきわめて大きいということを、当然知らなければなりません」と。

字義

持地菩薩＝釈尊が母の摩耶夫人《まやぶにん》に説法するため、忉利天《とうりてん》に昇ったとき、三道の宝階を作った菩薩。仏地・菩薩地（仏・菩薩の修行階梯と境位）を指示・引導するほとけ。

前＝すすむこと。目上や立ち向かいがたい敵など、軽視できない相手に向かって進むこと。

自在之業＝人・天・仏（六道・十界）のすべてに通じていること。すべての導師であり、どういうことも自在にできること。自在…仏教では十界のすべてに対して自在である、という意味で、地獄に堕ちている人や、天上で増上慢になって再び地獄に堕ちる人の深い業さえ救う力のこと。業…はたらき。ほとけにははたらき・行為としての業はあるが、人間のような業障《ごっしょう》（悪い行いによるさわり）はない。

普門示現＝この世に観音力をお示しになること。普門…観音力。ほとけの一部分の特色をみるときは一門別徳というが、ほとけのはたらき全体については、普門万徳《まんとく》（どのような徳も持っている）というように、ほとけのはたらきがすべてにあまねく通じていること。

解説

『法華経』の功徳は、よく「読誦《どくじゅ》の功徳」として知られていますが、本箇所はまさにそれを示しており、『法華経』の行者である持地菩薩が、観音菩薩のはたらきや功徳力について白仏《びゃくぶつ》すなわち仏に向かって申し上げているわけです。

持地菩薩は、その名の示すごとく、妙法をこの世で行い、この世で保つ（持《たも》つ）菩薩です。この方がおっしゃったことをまとめていえば、「求道《ぐどう》神通力＝功徳不少。聞法《もんぽう》普門＝功徳不少」となりますが、これは同時に『法華経』のエッセンスといってよいでしょう。

● **仏説《ぶっせつ》是《ぜ》普門品時《ふもんぼんじ》　衆中《しゅじゅう》　八万四千衆生《はちまんしせんしゅじょう》　皆発無等等《かいほつむとうどう》　阿耨多羅三藐三《あのくたらさんみゃくさん》菩提心《ぼだいしん》**

読み

仏、是の普門品を説きたもう時　衆中の八万四千の衆生は　皆、無等等の阿《あ》耨多羅三藐三菩提《のくたらさんみゃくさんぼだい》の心を発《おこ》せり

現代訳

世尊が、以上のような観世音菩薩普門品をお説きになったとき、聴衆である八万四千ともいうべき仏弟子たちは、一人残らず、等しいものとてない無上正等覚の心をおこしました。

字　義

衆　中＝集会《しゅうえ》につらなる弟子たちすべて。

八万四千衆生＝八万四千人。数詞というより形容詞で、無数の人びと・たくさんの人びとという意味。

無等等＝他に等しいものがまったくないこと。

阿耨多羅三藐三菩提＝サンスクリット語のanuttara-samyak-sambodhiの音写。無上正等覚と訳す。仏のさとりの智慧をいう。阿耨多羅…この上もない。無上の。三藐…正しい。三菩提…さとり。

解　説

「発無等等〜三菩提心」とありますが、ここでは発が動詞であり、心が目的語です。無等等から三菩提までは形容詞です。したがって、この部分は「等しいものとてない、この上もなく正しいさとりの心を発《お》こした」と読みます。正等覚の「正」とは「尊い」ことであり、これはすなわち価値の変わらないこと、正しくていつでも当てはまるということです。このような菩提（さとり）の心をおこすことを、「発心《ほっしん》」というのです。

人生《じんせい》の坂道《さかみち》
青年
日
仏《ほとけ》
幼年
菩薩《ぼさつ》
天《てん》
声聞《しょうもん》
生
閻魔王《えんまおう》
浄玻璃《じょうはり》の鏡《かがみ》
大焦熱地獄
鉄札《てっさつ》
不産女《うまずめ》
悪口《あっく》・両舌《りょうぜつ》
火車《かしゃ》
等活地獄
牛頭《ごず》
嫉妬炎《しっとのほのお》
畜生道《ちくしょうどう》
馬頭《めず》
修羅道《しゅらどう》
阿鼻《あび》地獄
地蔵菩薩《じぞうぼさつ》
餓鬼道《がきどう》
孤独地獄
衆合《しゅごう》地獄
地獄の釜《かま》

十界図

仏教には、死後の因果応報の思想がある。死後を司るのは閻魔王であるが、十王思想では閻魔は地蔵の生まれ変わりであるとされる。地獄に堕ちてきたものは、罪に応じて様々な償いの場所を定められる。これを図にしたものが地獄の変相図であり、その他をすべて含めれば十界図である。

インド古来の「六道」の思想が人間およびその他の生きもの（人畜）の種々の境涯を六種にわたって描き出したものであるのに対し、十界はそれに仏の四界を加えたもので、六道と併せ十界という。

六道＝地獄・餓鬼・畜生・修羅・人・天　四界＝声聞・縁覚・菩薩・仏

これは、この世にも地獄があり、地獄でも仏に遭う等の思想を生み、この六道や十界の考えが、今日流行の「死後の世界」や「臨死体験」のような抽象的な思想でも、純粋な医学的見解でもなく、人間としての日常生活に隣り合った、いつでも体験可能な人間の類似体験と思われていたことは注目すべきである。

付録

Gide

観音霊場㈠　西国三十三所観音
観音霊場㈡　坂東三十三所観音
観音霊場㈢　秩父三十三(四)所観音
三十三観音
観音三十三身
仏の三十二相

西国《さいごく》三十三所観音

近畿地方の三十三所の観音像を安置する寺院のこと。これらの寺院を札所として、これを巡拝することを西国巡礼という。平安朝の中頃よりはじまり、初めは単に三十三観音と称したが、やがて各地に三十三観音ができると、西国の二字を冠して区別するようになった。各霊場にはそれぞれ一首ずつの御詠歌《ごえいか》があり、巡礼の際や観音講などに唱えられる。一種の哀調をおびたものである。その寺名、山号、宗旨、札所本尊、所在地、御詠歌は次の通り。

第一番
那智山《なちさん》寺　天台宗　那智山青岸渡寺《せいがんとじ》　如意輪《にょいりん》観音
和歌山県東牟婁《むろ》郡那智勝浦町那智山
補陀洛《ふだらく》や岸うつ波は三熊野《みくまの》の　那智のお山にひびく滝津瀬《たきつせ》

第二番
紀三井寺《きみいでら》　救世《ぐぜ》観音宗総本山　紀三井山金剛宝寺《こんごうほうじ》護国院　十一面観音
和歌山市紀三井寺

紀三井寺

ふるさとをはるばるここに紀三井寺　花の都も近くなるらん

第三番

粉河寺《こかわでら》　粉河観音宗総本山　風猛《ふうもう》山粉河寺　千手千眼《せんじゅせんげん》観音

和歌山県那賀郡粉河町

ちちははの恵みも深き粉河寺　仏《ほとけ》の誓いたのもしの身や

第四番

槇尾寺《まきのおでら》　天台宗　槇尾山施福《せふく》寺　十一面千手千眼観音

大阪府和泉市槇尾山町

深山路《みやまじ》や檜原松原《ひばらまつばら》わけゆけば　まきの尾寺に駒ぞいさめる

第五番

葛井《ふじい》寺　真言宗御室《おむろ》派　紫雲《しうん》山葛井寺　十一面千手千眼観音

大阪府藤井寺市藤井寺

まいるより頼みをかくる葛井寺　花のうてなに紫の雲

第六番

壺阪寺《つぼさかでら》　真言宗豊山《ぶさん》派　壺阪山南法華《みなみほっけ》寺　十一面千手観音

奈良県高市郡高取町壺阪

岩をたて水をたたえて壺阪の　庭のいさごも浄土なるらん

右／粉河寺
左／壺阪寺

第七番　岡寺《おかでら》　真言宗豊山派　東光山龍蓋《りゅうがい》寺　如意輪観音

奈良県高市郡明日香村岡

今朝みればつゆ岡寺の庭の苔《こけ》　さながら瑠璃《るり》の光なりけり

番　外　徳道《とくどう》上人廟《びょう》　真言宗豊山派　豊山法起《ほっき》院　徳道上人

奈良県桜井市初瀬

極楽はよそにはあらじわが心　同じはちすのへだてやはある

第八番　初瀬寺《はっせでら》　真言宗豊山派総本山　豊山長谷《はせ》寺　十一面観音

奈良県桜井市初瀬

いくたびもまいる心は初瀬寺　山も誓いも深き谷川

第九番　南円堂　法相《ほっそう》宗大本山　興福寺南円堂　不《ふ》空羂索《くうけんさく》観音

奈良市登大路町

春の日は南円堂にかがやきて　三笠《みかさ》の山に晴るるうす雲

右／岡寺
左／初瀬寺

第十番

御室戸《みむろと》寺　本山修験《しゅげん》宗　明星《みょうじょう》山三《み》室戸寺　千手観音

京都府宇治市菟道《うじ》滋賀谷

夜もすがら月をみむろとわけゆけば　宇治の川瀬にたつは白波

第十一番

上醍醐《かみだいご》寺　真言宗醍醐派総本山　深雪《みゆき》山上醍醐寺　准胝《じゅんでい》観音

京都市伏見区醍醐町

逆縁《ぎゃくえん》ももらさで救う願《がん》なれば　准胝堂は頼もしきかな

第十二番

岩間寺《いわまでら》　真言宗醍醐派　岩間山正法《しょうほう》寺　千手観音

滋賀県大津市石山内畑町

みなかみはいずくなるらん岩間寺　岸うつ波は松風の音

第十三番

石山寺《いしやまでら》　東寺真言宗大本山　石光《せっこう》山石山寺　二臂《にひ》如意輪観音

滋賀県大津市石山寺

のちの世を願う心はかろくとも　仏のちかい重き石山

右／御室戸寺
左／石山寺

第十四番　三井寺《みいでら》　天台寺門《じもん》宗総本山　長等《ながら》山園城寺《おんじょうじ》　如意輪観音

滋賀県大津市園城寺町

いでいるや波間の月を三井寺の　鐘《かね》のひびきにあくるみずうみ

番外　元慶寺《がんけいじ》　天台宗　華頂《かちょう》山元慶寺　薬師如来

京都市山科区北花山河原町

まてといわばいともかしこし花山《はなやま》に　しばしとなかん鳥の音《ね》もがな

第十五番　今熊野《いまくまの》　真言宗泉涌寺《せんにゅうじ》派　新那智山観音寺　十一面観音

京都市東山区泉涌寺山内町

昔よりたつとも知らぬ今熊野　仏のちかいあらたなりけり

第十六番　清水寺《きよみずでら》　北法相《きたほっそう》宗大本山　音羽《おとわ》山清水寺　十一面千手千眼観音

京都市東山区清水

松風や音羽の滝のきよみずを　むすぶ心はすずしかるらん

右／元慶寺
左／清水寺

第十七番

六波羅蜜寺《ろくはらみつじ》　真言宗智山《ちさん》派　補陀洛《ふだらく》山六波羅蜜寺　十一面観音

京都市東山区松原通大和大路

重くともいつの罪はよもあらじ　六波羅堂へまいる身なれば

第十八番

六角堂　天台宗　紫雲《しうん》山頂法《ちょうほう》寺　如意輪観音

京都市中京区六角通東洞院西入

わが思う心のうちはむつのかど　ただまろかれと祈るなりけり

第十九番

革《こう》堂　天台宗　霊麀《れいゆう》山革堂行願《ぎょうがん》寺　千手観音

京都市中京区寺町通竹屋町

花をみて今はのぞみもこうどうの　庭のちぐさもさかりなるらん

第二十番

善峰寺《よしみねでら》　天台宗　西山《にしやま》善峰寺　千手観音

京都市西京区大原野小塩町

野をもすぎ山路《やまじ》に向かう雨の空　よしみねよりも晴るる夕だち

右／六波羅蜜寺
左／六角堂

第二十一番

菩提《ぼだい》寺　天台宗　菩提山穴太《あなお》寺　聖《しょう》観音

京都府亀岡市曽我部町穴太

かかる世に生れあう身のあな憂《う》やと　思わでたのめ十声《とこえ》ひとこえ

第二十二番

総持《そうじ》寺　高野山真言宗　補陀洛《ふだらく》山総持寺　十一面千手観音

大阪府茨木市総持寺町

おしなべて老いも若きも総持寺の　仏のちかいたのまぬはなし

第二十三番

勝尾《かつおう》寺　高野山真言宗　応頂《おうちょう》山勝尾寺　十一面千手観音

大阪府箕面市勝尾寺

重くとも罪には法《のり》のかちおでら　仏をたのむ身こそやすけれ

第二十四番

中山観音　真言宗中山寺派大本山　紫雲《しうん》山中山寺《なかやまでら》　十一面観音

兵庫県宝塚市中山寺

野をもすぎ里をもゆきて中山の　寺へまいるはのちの世のため

右／菩提寺（穴太寺）
左／中山観音

番外

尼寺《にんじ》のお寺　真言宗花山院《かざんいん》派　東光山花山院菩提《ぼだい》寺　薬師瑠璃光《るりこう》如来

兵庫県三田市尼寺

ありま富士ふもとの霧は海にて　波かと聞けば小野の松風

第二十五番

清水寺《きよみずでら》　天台宗　御岳《みたけ》山清水寺　十一面千手観音

兵庫県加東郡社町平木

あわれみやあまねきかどの品じなに　なにをか波のここにきよみず

第二十六番

一乗寺　天台宗　法華《ほっけ》山一乗寺　聖観音

兵庫県加西市坂本町

春は花夏はたちばな秋は菊　いつもたえなる法《のり》のはなやま

第二十七番

円教《えんぎょう》寺　天台宗　書写山円教寺　六臂《ろっぴ》如意輪観音

兵庫県姫路市書写

はるばると登れば書写の山おろし　松のひびきもみのりなるらん

右／一乗寺
左／円教寺

第二十八番
成相寺《なりあい》　高野山真言宗　成相山成相寺　聖観音
京都府宮津市成相寺
波のおと松のひびきもなりあいの　風ふきわたす天の橋立

第二十九番
松尾寺《まつのおでら》　真言宗醍醐《だいご》派　青葉山松尾寺　馬頭《ばとう》観音
京都府舞鶴市松尾
そのかみはいく世《よ》へぬらんたよりをば　ちとせもここにまつの尾の寺

第三十番
竹生島《ちくぶじま》　真言宗豊山派　厳金山宝厳寺《がんこんざんほうごんじ》　千手千眼観音
滋賀県東浅井郡びわ町
月も日も波間にうかぶ竹生島　ふねに宝を積むここちして

第三十一番
長命寺《ちょうめいじ》　単立（天台系）　姨綺耶《いきや》山長命寺　千手・十一面・聖《しょう》観音
滋賀県近江八幡市長命寺町
やちとせや柳にながきいのち寺《でら》　はこぶあゆみのかざしなるらん

右／成相寺
左／松尾寺

第三十二番
観音正寺《しょう》　単立（天台系）　繖山《きぬがさ》観音正寺　千手千眼観音
滋賀県蒲生郡安土町石寺
あなとうとみちびきたまえ観音寺　遠き国よりはこぶあゆみを

第三十三番
谷汲山《たにぐみさん》　天台宗　谷汲山華厳寺《けごん》　十一面観音
岐阜県揖斐郡谷汲村徳積
今までは親とたのみしおいずるを　ぬぎておさむる美濃のたにぐみ

華厳寺

坂東《ばんどう》三十三所観音

西国《さいごく》三十三所の巡礼にならい、徳川時代に至って、関東においても三十三所の巡礼回国《かいこく》が行われはじめた。これを東国三十三所または坂東三十三所観音という。寺名、山号、宗旨、札所本尊、所在地、御詠歌は以下の通り。

第一番

杉本観音　天台宗　大蔵山《だいぞうざん》杉本寺　十一面観音
神奈川県鎌倉市二階堂
頼みあるしるべなりけり杉本の　ちかいは末の世にもかわらじ

第二番

岩殿寺《がんでんじ》　曹洞宗《そうとう》　海雲山岩殿寺　十一面観音
神奈川県逗子市久木
たちよりて天の岩戸をおし開き　仏をたのむ身こそたのしき

杉本観音

第三番　田代《たしろ》観音　浄土宗　祇園《ぎおん》山安養院田代寺　千手観音
神奈川県鎌倉市大町
枯木にも花咲くちかい田代寺　世を信綱の跡ぞひさしき

第四番　長谷《はせ》観音　単立（浄土系）　海光山長谷寺《はせでら》　十一面観音
神奈川県鎌倉市長谷
はせ寺へまいりて沖をながむれば　由比のみぎわに立つは白波

第五番　飯泉《いいずみ》観音　高野山真言宗　飯泉山勝福《しょうふく》寺　十一面観音
神奈川県小田原市飯泉
かなわねばたすけたまえと祈る身の　船に宝を積むはいいづみ

第六番　飯山《いいやま》観音　高野山真言宗　飯上《いいがみ》山長谷寺《はせでら》　十一面観音
神奈川県厚木市飯山
飯山《いやま》寺建ちそめしよりつきせぬは　いりあいひびく松風の音

右／田代観音
左／長谷観音

第七番

金目《かなめ》観音　天台宗　金目山光明寺　聖《しょう》観音

神奈川県平塚市南金目

なにごとも今はかないの観世音　二世安楽とたれか祈らむ

第八番

星の谷観音　真言宗大覚寺派　妙法山星谷《しょうこく》寺　聖観音

神奈川県座間市入谷

さわりなす迷いの雲をふき払い　月もろともに拝む星の谷《や》

第九番

慈光寺　天台宗　都幾《とき》山慈光寺　十一面千手千眼観音

埼玉県比企郡都幾川村西平

聞くからに大慈大悲の慈光寺　誓いもともに深きいわどの

第十番

岩殿観音　真言宗智山派　巌殿山正法《いわどのさんしょうぼう》寺　千手観音

埼玉県東松山市岩殿

のちの世の道を比企見《ひきみ》の観世音　この世をともに助けたまえや

慈光寺

第十一番　吉見観音《よしみ》　真言宗智山派　岩殿山安楽寺《あんらくじ》　聖観音

埼玉県比企郡吉見町御所

吉見よと天の岩戸を押し開き　大慈大悲のちかいたのもし

第十二番　慈恩寺　天台宗　華林《かりん》山慈恩寺　千手観音

埼玉県岩槻市慈恩寺

慈恩寺へまいるわが身もたのもしや　うかぶ夏《げ》島を見るにつけても

第十三番　浅草《あさくさ》観音　聖観音宗総本山　金龍山浅草寺《せんそうじ》　聖観音

東京都台東区浅草

深きとが今よりのちはよもあらじ　つみ浅草へまいる身なれば

第十四番　弘明《ぐみょう》寺　高野山真言宗　瑞応《ずいおう》山弘明寺　十一面観音

神奈川県横浜市南区弘明寺町

ありがたや誓いの海をかたむけて　そそぐ恵みにさむるほのみや

右／慈恩寺
左／浅草寺

第十五番
白岩《しらいわ》観音　金峰山修験本宗　白岩山長谷寺《ちょうこくじ》　十一面観音
群馬県群馬郡榛名町白岩
誰もみな祈る心は白岩の　初瀬の誓いたのもしきかな

第十六番
水沢観音　天台宗　五徳山水沢寺《みずさわでら》　千手観音
群馬県北群馬郡伊香保町水沢
たのみくる心も清き水沢の　深き願いをうるぞうれしき

第十七番
出流《いずる》観音　真言宗智山派別格本山　出流山満願寺　千手観音
栃木県栃木市出流町
ふるさとをはるばるここにたちいづる　わがゆく末はいずくなるらん

第十八番
立木《たちき》観音堂　天台宗　日光山中禅寺《ちゅうぜんじ》　千手観音
栃木県日光市中禅寺歌ケ浜
中禅寺のぼりて拝むみずうみの　うたの浜路にたつは白波

右／出流観音
左／立木観音堂

第十九番
大谷観音《おおや》　天台宗　天開山《てんかい》大谷寺　千手観音
栃木県宇都宮市大谷町
名を聞くもめぐみ大谷の観世音　みちびきたまえ知るも知らぬも

第二十番
西明寺《さいみょう》　真言宗豊山派　独鈷山《とっこ》西明寺　十一面観音
栃木県芳賀郡益子町
西明寺ちかいをここに尋ぬれば　ついのすみかは西とこそきけ

第二十一番
八溝山《やみぞ》　天台宗　八溝山日輪寺　十一面観音
茨城県久慈郡大子町上野宮
迷う身が今は八溝へ詣りきて　仏のひかり山もかがやく

第二十二番
佐竹寺《でら》　真言宗豊山派　妙福山佐竹寺　十一面観音
茨城県常陸太田市天神林町
ひとふしに千代をこめたる佐竹寺　かすみがくれに見ゆるむら松

大谷観音

第二十三番
佐白《さしろ》観音　普門宗　佐白山観世音寺　十一面千手観音
茨城県笠間市笠間
夢の世にねむりもさむる佐白山　たえなる法《のり》やひびく松風

第二十四番
雨引《あまびき》観音　真言宗豊山派　雨引山楽法寺　延命観音
茨城県真壁郡大和村本木
へだてなき誓いをたれも仰ぐべし　仏の道に雨引の寺

第二十五番
大御堂《おおみどう》　真言宗豊山派　筑波山大御堂　千手観音
茨城県つくば市宮脇
大御堂かねは筑波の峰にたて　かた夕暮れにくにぞ恋しき

第二十六番
清滝寺《きよたき》　真言宗豊山派　南明山《なんめい》清滝寺　聖観音
茨城県新治郡新治村
わが心今よりのちはにごらじな　清滝寺へ詣る身なれば

雨引観音

第二十七番

飯沼《いいぬま》観音　真言宗智山派　飯沼山円福寺　十一面観音

千葉県銚子市馬場町

このほどはよろずのことを飯沼に　聞くもならわぬ波の音かな

第二十八番

滑河《なめかわ》観音　天台宗　滑河山龍正《りゅうしょう》院　十一面観音

千葉県香取郡下総町滑川

音にきくなめかわ寺の朝日《けさ》ケ渕　あみ衣にてすくうなりけり

第二十九番

千葉寺《ちばでら》　真言宗豊山派　海上山千葉寺　十一面観音

千葉市中央区千葉寺町

千葉寺へまいるわが身もたのもしや　岸うつ波に船ぞうかべる

第三十番

高倉《たかくら》観音　真言宗豊山派　平野《せいや》山高蔵《こうぞう》寺　聖観音

千葉県木更津市矢那

はるばると登りて拝む高倉や　富士にうつろう阿娑婆《あさば》なるらん

飯沼観音

第三十一番　笠森観音　天台宗　大悲山笠森寺　十一面観音
千葉県長生郡長南町笠森
日はくるる雨はふる野の道すがら　かかる旅路をたのむ笠森

第三十二番　清水《きよみず》観音　天台宗　音羽山清水寺　千手観音
千葉県夷隅郡岬町鴨根
濁るともちひろの底は澄みにけり　清水寺に結ぶ閼伽桶《あかおけ》

第三十三番　那古《なこ》観音　真言宗智山派　補陀洛《ふだらく》山那古寺　千手観音
千葉県館山市那古
補陀洛はよそにはあらじ那古の寺　岸うつ波を見るにつけても

右／笠森観音
左／那古観音

項上仏
化仏《けぶつ》(阿弥陀如来)
宝冠台
白《びゃく》毫《ごう》
錫《しゃく》杖《じょう》
紫蓮華
月精摩尼《がっしょうまに》
三道
項上化仏
跋折羅《ばざら》
(三鈷杵)
五色雲《ごしきうん》
蒲《ほ》桃《とう》
青《しょう》蓮華
宝《ほう》箭《せん》
宝剣
鉞《えつ》斧《ふ》
合掌
髑《どく》髏《ろ》
宝経
宝輪
胡《こ》瓶《びょう》
施無畏印《せむいいん》
楊柳枝《ようりゅうし》
石《せき》帯《たい》
宝印
数《じゅ》珠《ず》
天《てん》衣《ね》
変化《へんげ》面
戟《げき》鞘《しょう》
白《びゃく》蓮華
日精摩尼《にっしょうまに》
金剛杵《しょ》
化仏
如意珠
宮殿《くうでん》
紅《ぐ》蓮華
宝《ほう》篋《きょう》
鉄《てつ》鉤《こう》
宝《ほう》螺《ら》
瓔《よう》珞《らく》
宝弓
腕《わん》釧《せん》
宝鏡
条《じょう》帛《はく》
玉《ぎょく》環《かん》
軍持《ぐんじ》
(水瓶)
宝《ほう》鉢《はつ》
榜排《ほうはい》(盾)
白払子《びゃくほっす》
羂《けん》索《さく》
宝《ほう》鐸《たく》
裳・裙《くん》
蓮肉
台座
〈蓮華座〉
蓮弁

十一面千手観音図解

秩父三十三(四)所観音

西国《さいごく》三十三所観音にならい、徳川時代のころから埼玉県秩父地方に三十三所観音を定めて、これを巡礼することが行われた。これを秩父三十三所観音という。だが、その実数は三十四所である。寺名、山号、宗旨、札所本尊、所在地、御詠歌は以下の通り。

第一番

妙音寺　曹洞宗　誦経山《じゅきょうざん》四万部《しまぶ》寺　聖《しょう》観音

秩父市大字栃谷

ありがたや一巻《ひとまき》ならぬ法《のり》の花　数は四万部の寺のいにしえ

第二番

真福寺　曹洞宗　大棚山真福寺　聖観音

秩父市大字山田

めぐりきて頼みをかけし大棚の　誓いも深き谷川の水

四万部寺

第三番

岩本寺　曹洞宗　岩本山常泉《じょうせん》寺　聖観音
秩父市大字山田
補陀落は岩本寺と拝むべし　峰の松風ひびく滝津瀬

第四番

新木寺《あらきでら》　曹洞宗　高谷《こうこく》山金昌《きんしょう》寺　十一面観音
秩父市大字山田
あらたかに参りて拝む観世音　二世安楽と誰も祈らん

第五番

語歌堂《ごかのどう》　臨済宗南禅寺派　小川山長興寺　准胝《じゅんでい》観音
秩父郡横瀬町
父母のめぐみも深き語歌の堂　大慈大悲の誓いたのもし

第六番

荻野堂　曹洞宗　向陽山卜雲《ぼくうん》寺　聖観音
秩父郡横瀬町苅米
初秋に風吹き結ぶ荻の堂　宿かりの世の夢ぞさめける

金昌寺

第七番
牛伏堂《うしぶせ》　曹洞宗　青苔《せいたい》山法長寺　十一面観音
秩父郡横瀬町苅米
六道をかねてめぐりて拝むべし　またのちの世を聞くも牛伏

第八番
西善寺《さいぜん》　臨済宗南禅寺派　清泰《せいたい》山西善寺　十一面観音
秩父郡横瀬町根古屋
ただたのめまことの時は西善寺　きたり迎えん弥陀《みだ》の三尊

第九番
明智寺《あけち》　臨済宗南禅寺派　明星山明智寺　如意輪観音
秩父郡横瀬町
めぐりきてその名を聞けば明智寺　心の月はくもらざるらん

第十番
大慈寺　曹洞宗　万松《まんしょう》山大慈寺　聖観音
秩父郡横瀬町
ひたすらに頼みをかけよ大慈寺　六つのちまたの苦にかわるべし

大慈寺

第十一番
常楽寺　曹洞宗　南石山《なんこく》常楽寺　十一面観音
秩父市熊木町
罪とがも消えよと祈る坂ごおり　朝日はささで夕日かがやく

第十二番
野坂寺　臨済宗南禅寺派　仏道山野坂寺　聖観音
秩父市野坂町
老の身に苦しきものは野坂寺　いま思い知れのちの世の道

第十三番
慈眼寺《じげん》　曹洞宗　旗下山《きか》慈眼寺　聖観音
秩父市東町
御手に持つはちすのははき残りなく　浮世の塵をはけの下寺

第十四番
今宮坊　臨済宗　長岳山《ちょうがく》今宮坊　聖観音
秩父市中町
昔より立つとも知らぬ今宮に　参る心は浄土なるらん

野坂寺

第十五番　少林寺　臨済宗建長寺派　母巣《ははそ》山少林寺　十一面観音

秩父市番場町

みどり児のははその森の蔵福寺　ちちもろともに誓いもらすな

第十六番　西光《さいこう》寺　真言宗豊山派　無量山西光寺　千手観音

秩父市中村町

西光寺誓いを人に尋ぬれば　ついの住家は西とこそ聞け

第十七番　林寺　曹洞宗　実正山定林《じっしょうざんじょうりん》寺　十一面観音

秩父市桜木町

あらましを思い定めし林寺　鐘ききあえず夢ぞさめける

第十八番　神門《ごうど》寺　曹洞宗　白道《はくどう》山神門寺　聖観音

秩父市下宮地町

ただたのめ六則ともに大悲をば　神門にたちてたすけたまえる

林寺

第十九番　龍石寺《りゅうせきじ》　曹洞宗　飛淵山《ひえんさん》龍石寺　千手観音

秩父市大畑町

あめつちを動かすほどの龍石寺　詣る人には利生あるべし

第二十番　岩之上堂《いわのうえどう》　臨済宗南禅寺派　法王山岩之上堂　聖観音

秩父市寺尾

苔むしろ敷きてもとまれ岩の上　玉のうてなも朽ちはつる身を

第二十一番　矢之堂《やのどう》　真言宗豊山派　要光山観音寺　聖観音

秩父市寺尾

梓弓いる矢の堂に詣で来て　願いし法《のり》にあたる嬉しさ

第二十二番　童子堂《わらべどう》　真言宗豊山派　華台山《かだいさん》永福寺　聖観音

秩父市寺尾

極楽をここで見つけて童《わら》う堂　後の世までもたのもしきかな

童子堂

第二十三番
音楽寺　臨済宗南禅寺派　松風山《しょうふう》音楽寺　聖観音
秩父市寺尾
音楽のみ声なりけり小鹿坂《おがさか》の　しらべにかよう峰の松風

第二十四番
法泉寺　臨済宗南禅寺派　光智山《こうち》法泉寺　聖観音
秩父市別所
天照らす神の母祖《ははそ》の色かえて　なおも降りぬる雪の白山《しらやま》

第二十五番
御手判寺《おてはん》　曹洞宗　岩谷山久昌寺《きゅうしょう》　聖観音
秩父市久那
水上《みなかみ》はいずくなるらん岩谷堂　朝日もくなく夕日かがやく

第二十六番
岩井堂　臨済宗建長寺派　万松山円融寺《えんゆう》　聖観音
秩父市下影森
尋ね入りむすぶ清水の岩井堂　心の垢をすすがぬはなし

右／音楽寺
左／久昌寺

第二十七番
月影堂　曹洞宗　龍河山《りゅうが》大淵寺《だいえんじ》　聖観音
秩父市上影森
夏山やしげきが下《もと》の露までも　心へだてぬ月の影もり

第二十八番
橋立堂《はしたて》　曹洞宗　石龍山橋立堂　馬頭観音
秩父市上影森
霧の海たち重なるは雲の波　たぐいあらじとわたる橋立

第二十九番
石札堂《いしふだ》　曹洞宗　笹戸山長泉院　聖観音
秩父郡荒川村上田野
分けのぼり結ぶ笹の戸おし開き　仏を拝む身こそたのもし

第三十番
法雲寺　臨済宗建長寺派　瑞龍山法雲寺　如意輪観音
秩父郡荒川村白久
一心に南無観音と唱えれば　慈悲深か谷の誓いたのもし

橋立堂

第三十一番
観音院　曹洞宗　鷲窟《しゅうくつ》山観音院　聖観音
秩父郡小鹿野町飯田観音山
深山路をかきわけ尋ね行きみれば　鷲のいわやにひびく滝つ瀬

第三十二番
法性《ほっしょう》寺　曹洞宗　般若《はんにゃ》山法性寺　聖観音
秩父郡小鹿野町般若
願わくは般若の船に法《のり》を得ん　いかなる罪も浮かぶとぞ聞く

第三十三番
菊水《きくすい》寺　曹洞宗　延命山菊水寺　聖観音
秩父郡吉田町桜井
春や夏冬もさかりの菊水寺　秋のながめにおくる年月

第三十四番
水潜《すいせん》寺　曹洞宗　日沢《にったく》山水潜寺　千手観音
秩父郡皆野町下日野沢
よろず世の願いをここにおさめおく　苔の下より出づる水かな

右／観音院
左／法性寺

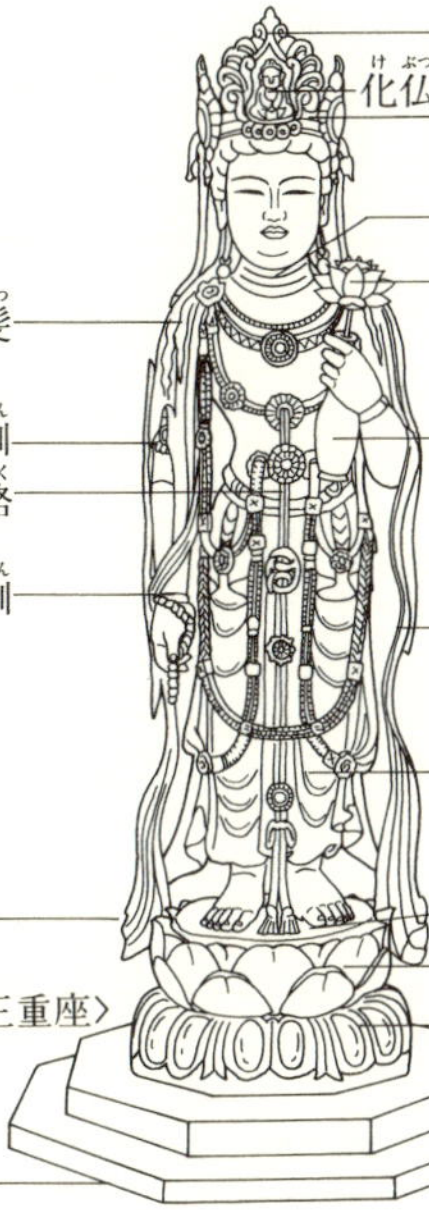

〔六臂〕

上／聖観音図解
下／如意輪観音図解

三十三観音

『法華経』普門品に説く、観世音菩薩が姿を変えて衆生《しゅじょう》を救う三十三身《じん》の異形の観音。それにあてて、以下の三十三体の観世音がある。数は『法華経』普門品の三十三に合うが、典拠は不明。岩戸《いわと》観音のごときは、日本で付加されたと見られるが、そのほとんどは姿かたちから命名されたものとみられる。

楊柳《ようりゅう》観音
竜頭《りゅうず》観音
持経《じきょう》観音
円光観音
遊戯《ゆげ》観音
白衣《びゃくえ》観音
蓮臥《れんが》観音
滝見《たきみ》観音
施薬《せやく》観音

魚籃《ぎょらん》観音
徳王観音
水月《すいげつ》観音
一葉《いちよう》観音
青頸《しょうぎょう》観音
威徳《いとく》観音
延命観音
衆宝《しゅほう》観音
岩戸観音

能静《のうじょう》観音
阿耨《あのく》観音
阿摩提《あまだい》観音
葉衣《ようえ》観音
瑠璃《るり》観音
多羅尊《たらそん》観音
蛤蜊《こうり》観音
六時観音
普悲《ふひ》観音

馬郎婦《めろうふ》観音
合掌《がっしょう》観音
一如《いちにょ》観音
不二《ふに》観音
持蓮《じれん》観音
灑水《しゃすい》観音

如意輪観音
（大阪府河内長野市・観心寺）

如意輪観音菩薩種子・真言

キリーク

オン ハンドメイ シンダ マ ニ ジンバ ラウン

帰命す。蓮華の上なる如意宝珠の光明よ。成就せよ。

観音三十三身《じん》

三十三応化身《おうげしん》、観音三十三身ともいい、観音菩薩が衆生《しゅじょう》を救うため、衆生の求めに応じて三十三の姿を現わすことをいう。『法華経』普門品（「観音経」）に説かれる。

仏《ぶっ》　身《しん》＝仏。

辟支仏身《びゃくしぶつしん》＝縁覚《えんがく》仏・独覚仏ともいい、独力でさとりを得た人。

声聞《しょうもん》　身＝仏の教えを聞いて修行し、さとりを得た人。

梵《ぼん》　王《おう》　身＝帝釈天とともに仏法を守護する神。

帝《たい》　釈《しゃく》　身＝梵天とともに仏法に帰依する人を守る神。

自在天身＝宇宙を支配する神。

大自在天身＝獣の皮をまとい死を司る、ヒンドゥー教のシヴァ神を仏教に取り入れた神。

天大将軍身＝天上界の将軍の長。

毘沙門天身《びしゃもんてんしん》＝北方を守護する、甲冑を身に着けた武人。多聞天《たもん》ともいう。

小王身＝小国の王。

長者身＝財をなし、年齢と徳行に長じた人。

居《こ》士《じ》身＝在家の、仏教に帰依する人。

宰《さい》官《かん》身＝役人。

婆《ば》羅《ら》門《もん》身＝祭祀を司る、インド四姓の最高階位の僧侶。

比《び》丘《く》身＝受戒した男性出家者、すなわち僧。

比丘尼《に》身＝受戒した女性出家者、すなわち尼僧。

優《う》婆《ば》塞《そく》身＝在家の男性信者。

優婆夷《い》身＝在家の女性信者。

長者婦女《ふにょ》身＝長者の夫人。

居士婦女身＝居士の夫人。

宰官婦女身＝宰官の夫人。

婆羅門婦女身＝婆羅門の女性。

童《どう》男《なん》身＝少年。

童《どう》女《にょ》身＝少女。

天身＝仏法の守護神。超人的な鬼人、六道の一つ。

龍身＝仏法の守護神。もとは蛇形の鬼神。

夜《や》叉《しゃ》身＝仏法の守護神。毘沙門天の従者。もとは勇健暴悪で空中飛行の鬼神。

乾《けん》闥《だつ》婆《ば》身＝仏法の守護神。香を食し音楽を奏でる。

阿《あ》修《しゅ》羅《ら》身＝仏法の守護神。もとは帝釈天と争う鬼神。

迦《か》楼《る》羅《ら》身＝仏法の守護神。金翅鳥。龍を食う。

緊《きん》那《な》羅《ら》身＝仏法の守護神。角のある歌神。

摩《ま》睺《ご》羅《ら》伽《か》身＝仏法の守護神。大腹行、人身蛇首の蛇神。

執《しゅう》金《こん》剛《ごう》身＝金剛杵《しょ》を手に持って仏法を守護する神。

仏の三十二相

仏や転輪聖王《てんりんじょうおう》の身にそなわっている三十二のすぐれた相をいう。三十二大人《だいにん》相、三十二大丈夫相ともいい、この相をそなえる者は、世俗にあっては転輪聖王、出家しては仏陀となるといわれる。

足《そく》安平《あんびょう》相＝足の裏にくぼみ（土踏まず）がなく、全体に平らな足裏。

足千輻輪《せんぷくりん》相＝足の裏に千輻輪が掌紋のようにあらわれている。

手《しゅ》指《し》繊長《せんちょう》相＝手の指がすんなりとして細長い。

手足柔軟《しゅそくにゅうなん》相＝手足の肌ざわりがごつごつせず、貴人らしく柔らかい。

手足縵網《まんもう》相＝手足とも指間に水鳥のような水かきがある。

足跟《こん》満足相＝足のかかとが広くて円満。

足趺《ふ》高相＝足の甲が高く盛り上がっている。

腨如鹿王《せんにょろくおう》相＝腿の肉は鹿王のようにしなやか。

手《しゅ》過《か》膝《しつ》相＝手が長く、立った時には指先が膝下にくる。

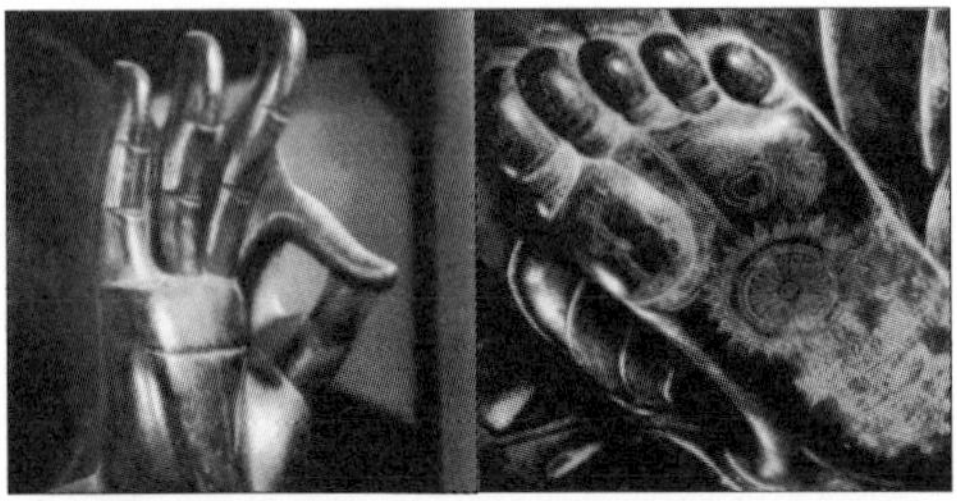

右／足千輻輪相
左／手足縵網相

陰《おん》　蔵《ぞう》　相＝陰相、男根が体内に隠されている。

身縦広《しんじゅうこう》相＝広げた両手と身長とが同じ長さ。

毛孔生青色《もうこうしょうしょうじき》相＝一本一本の毛孔から青色の毛が生えている。

身毛上靡《しんもうじょうみ》相＝体毛がすべて上に向かってなびいている。

身　金色《こんじき》　相＝全身が黄金のように輝いている。

常光一丈相＝一丈（約三メートル）の光を常に放っている。

皮膚細滑《さいかつ》相＝皮膚が滑らかで、少しのあかもつかない。

七処平満《しちしょひょうまん》相＝両足下、両掌、両肩首すじの七カ所の肉が盛りあがって豊か。

両腋《りょうえき》　満《まん》　相＝腋《わき》の下にも肉が付き、へこんでいない。

身如獅子《しんにょしし》相＝獅子のように威厳のあるからだつき。

身《しん》　端《たん》　直《じき》　相＝身体がしゃんとして端正。

肩《けん》　円　満　相＝両肩が豊か。

四　十　歯《し》　相＝四十本もの歯が美しく並んでいる。

歯白斉密《しはくさいみつ》相＝歯はすべて真白で美しく、同じ大きさで隙間がない。

四牙白浄《しげびゃくじょう》相=上下四本の歯は白く鋭い。

頬車如獅子《きょうしゃにょしし》相=両頬がふくらみ引き締まっている。

咽中津液得上味《いんちゅうしんえきとくじょうみ》相=口の中に津液があり、何を食しても最上の味がする。

広長舌《こうちょうぜつ》相=舌は薄く広く柔らかく、髪の生えぎわまでとどくほど長い。

梵音《ぼんおん》深遠相=大きな声で美声。

眼色如紺青《げんじきにょこんじょう》相=ひとみは青空のように澄んで美しい。

眼睫如牛王《げんしょうにょごおう》相=牛王のようにまつ毛が長く美しい。

眉間白毫《みけんびゃくごう》相=眉間に白毛が右巻きに生えていて光を放つ。

頂成肉髻《ちょうじょうにくけい》相=頭頂の肉が隆起していて、もとどりを結んだような形をしている。

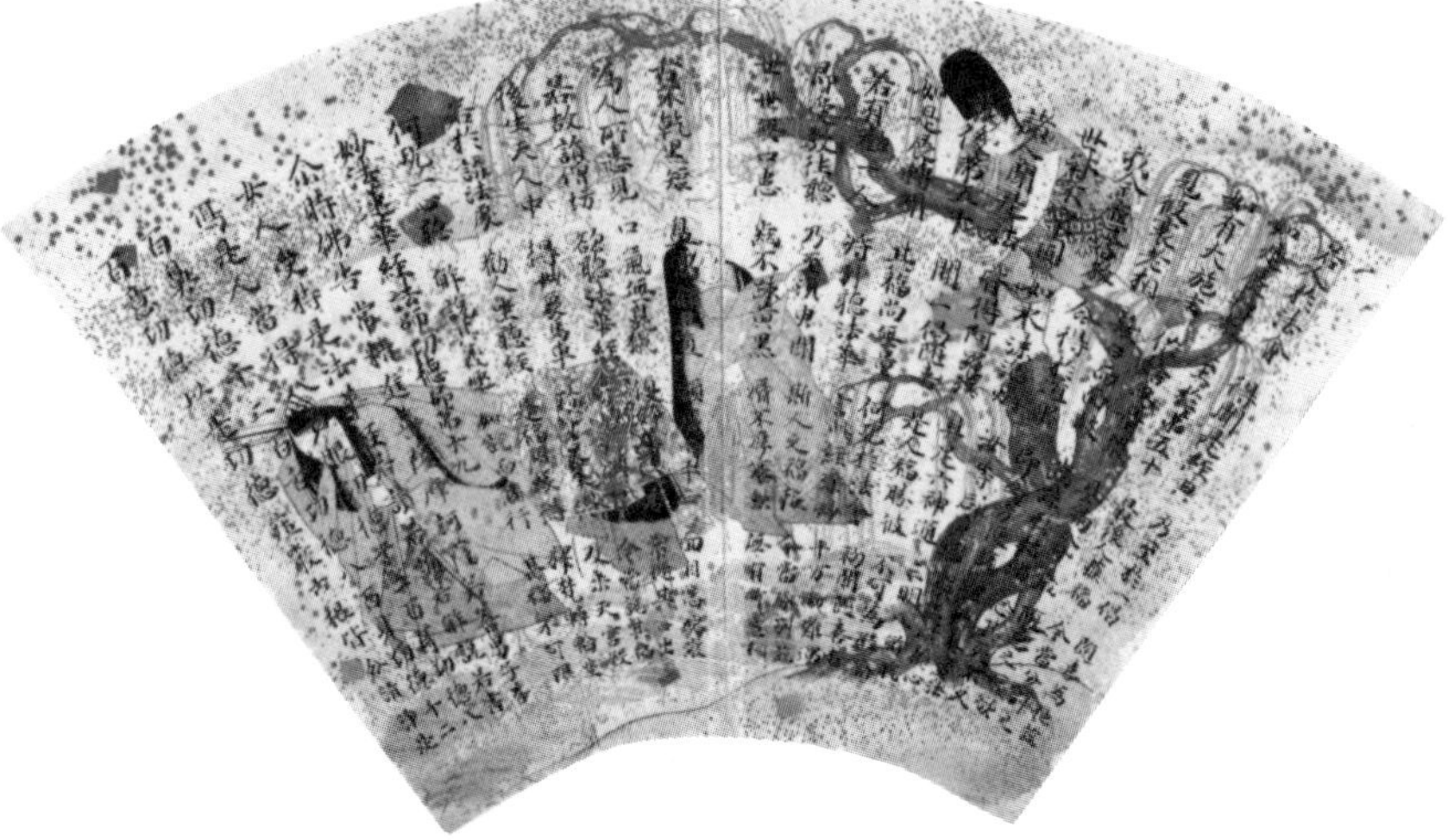

装飾扇面法華経
（大阪・四天王寺）

十三仏種子

初七日	カーン	不動明王
二七日	バク	釈迦如来
三七日	マン	文殊菩薩
四七日	アン	普賢菩薩
五七日	カ	地蔵菩薩
六七日	ユ	弥勒菩薩
七七日	ベイ	薬師如来
百ヶ日	サ	観音菩薩
一周忌	サク	勢至菩薩
三回忌	キリーク	阿弥陀如来
七回忌	ウン	阿閦如来
十三回忌	バン	大日如来
三十三回忌	タラーク	虚空蔵菩薩

生まれ年（十二支）守り本尊種子

子《ね》	キリーク	千手観世音菩薩
丑《うし》寅《とら》	タラーク	虚空蔵菩薩
卯《う》	マン	文殊菩薩
辰《たつ》巳《み》	アン	普賢菩薩
午《うま》	サク	勢至菩薩
未《ひつじ》申《さる》	バン	大日如来
酉《とり》	カーン	不動明王
戌《いぬ》亥《い》	キリーク	阿弥陀如来

参考文献

●「仏教日常辞典」（増谷文雄・金岡秀友著、一九九六年、太陽出版）●「空海・般若心経秘鍵」（金岡秀友著、一九九九年、太陽出版）●「図説般若心経」（金岡秀友著、一九八二年、講談社）●「仏像」（清水眞澄著、一九八二年、平凡社）●「釈尊その生涯」（金岡秀友・田枝幹宏、一九八五年、大学教育社）●「仏像―イコノグラフィ」（町田甲一著、一九八三年、岩波書店）●「高台寺の名宝」（朝日新聞社編、一九九五年、朝日新聞社）●「週刊朝日百科／日本の歴史54」（一九八七年、朝日新聞社）●「週刊朝日百科／日本の歴史64」（一九八七年、朝日新聞社）●「週刊朝日百科／日本の国宝」（一九九七年、朝日新聞社）●「日本の美術／藤原彫刻」（中野玄三編、一九七〇年、至文堂）●「ゴータマ・ブッダの生涯」（展覧会資料、一九九二年、古代オリエント博物館）●「大和古寺の仏たち」（展覧会資料、東京国立博物館編集、一九九三年、日本テレビ）●「東寺国宝展」（展覧会資料、京都国立博物館他編、一九九五年、朝日新聞社）●「敦煌・西夏王国展」（展覧会資料、三上次男他監修、一九九八年）●「日本国宝展」（展覧会資料、東京国立博物館編集、一九九〇年、読売新聞社）●「比叡山と天台の美術」（展覧会資料、比叡山延暦寺他編、一九八六年、朝日新聞社）●「東大寺展」（展覧会資料、東大寺他編、一九八〇年、朝日新聞社）●「特別展観音菩薩」（展覧会資料、一九七五年、奈良国立博物館）●「奈良西大寺展」（展覧会資料、奈良国立博物館編、一九九一年、日本経済新聞社）●「弘法大師展」（展覧会資料、一九八二年、共同通信社）●「壺坂寺観音霊験記」（一九九一年、奈良県・壺阪山南法華寺）

念彼観音力

—観音菩薩と観音経—

金岡秀友（かなおか・しゅうゆう）

1927年、埼玉県生まれ。

1952年、東京大学文学部印度哲学科卒業。

東洋大学助教授在職中、セイロン大学に招聘される。

東洋大学文学部教授を経て、

現在、同名誉教授、文学博士。

○著書

「仏教日常辞典」「空海・即身成仏義」

「空海・般若心経秘鍵」「盗らず綺らず貪らず」

（以上、太陽出版）、

「さとりの秘密〈理趣経〉」「密教成立論」

（以上、筑摩書房）、

「密教の哲学」（平楽寺書店）、

「般若心経」（講談社文庫）、

「蔵漢対訳虚空蔵菩薩経」（近刊、金花舎）

ほか、訳書とともに多数。

2000年9月1日　第1刷

著　者　金岡秀友

発行者　籠宮良治

発行所　太陽出版

東京都文京区本郷4－1－14

〒113-0033

TEL03(3814)0471　FAX03(3814)2366

梵字悉曇＝鷲尾英仁　カバー挿絵＝宮島弘道

装幀・本文レイアウト＝山城猛　印字＝スパイラル

壮光舎印刷／井上製本

ISBN4-88469-206-3

【一家に一冊】くらしの中の仏教を調べる

仏教日常辞典

増谷文雄
金岡秀友＝共著

仏教の基本用語はもとより、仏事をはじめとする仏教常識まで網羅した、専門家も使える画期的仏教辞典。

――仏教辞典はこれまで、様々な形で公刊されてきたが、本辞典で著者は、日常生活に溶け込んだ仏教、思想史の上でも決して特殊とはいえなくなっている仏教術語をとくに集中的に採択・解説につとめた。宗教学的仏教辞典、仏教学的宗教辞典がその狙いである――金岡秀友

構成・特色

本文（四一〇〇項目）、仏教常識（六〇〇項目）の二部構成／8ポ二段組／わかりやすい文体、準総ルビ／図版多数／カラー口絵（十界図・六道図）／須弥山図詳解／仏像図解／全国主要寺院・霊場の紹介／〔コラム〕主な仏・菩薩の種子・真言の解説。

■四六判／上製／本クロス装／函入美装本／七一六頁

定価　本体四三六九円＋税